Rechtsprechung

zum öffentlichen Baurecht

- Anordnung -

Hrsg.: Dr. Carl Dietrich Voges

Inhaltsverzeichnis Seite

Abkürzungsverzeichnis

a.A.	anderer Ansicht
Abs.	Absatz
AGVwGO	Niedersächsisches Ausführungsgesetz zur Verwaltungsgerichtsordnung
Art	Artikel
B.	Beschluss
BauGB	Baugesetzbuch
BauNVO	Baunutzungsverordnung
BauR	Baurecht
Bay	bayerischer
BGB	Bürgerliches Gesetzbuch
BRS	Baurechtssammlung
BVerfG	Bundesverfassungsgericht
BVerwG	Bundesverwaltungsgericht
BVerwGE	Bundesverwaltungsgerichtsentscheidungen
bzw.	beziehungsweise
D öV	Die öffentliche Verwaltung
Fn.	Fußnote
gem.	gemäß
GG	Grundgesetz
ggf.	gegebenenfalls
i.d.F.	in der Fassung
LBO	Landesbauordnung
LKV	Landes- und Kommunalverwaltung
Ls.d.Rd.	Leitsatz der Redaktion
n.F.	neue Fassung
NBauO	Niedersächsische Bauordnung
NdsVBl.	Niedersächsische Verwaltungsblätter
Nds.SOG	Niedersächsisches Gesetz über die öffentliche Sicherheit und Ordnung
NJW	Neue Juristische Wochenschrift
NJW-Sp	NJW-Spezial
NordÖR	Zeitschrift für öffentliches Recht in Norddeutschland
Nr.	Nummer
NVwZ	Neue Zeitschrift für Verwaltungsrecht
NVwZ-RR	NVwZ-Rechtsprechungs-Report
NZBau	Neue Zeitschrift für Baurecht und Vergaberecht
oHG	Offene Handelsgesellschaft
OVG	Oberverwaltungsgericht
OVGE	Entscheidungen der Oberverwaltungsgerichte
RdL	Recht der Landwirtschaft
Rdnr.	Randnummer
S.	Satz
RPfl	Niedersächsische Rechtspflege
U.	Urteil
u.ä.	und ähnliches
u.a.	unter anderem
UPR	Umwelt und Planungsrecht
usw.	und so weiter
v.	vom
VG	Verwaltungsgericht
VGH	Verwaltungsgerichtshof
vgl.	vergleiche
V.n.b.	Veröffentlichung nicht bekannt
VwGO	Verwaltungsgerichtsordnung
VwVfG	Verwaltungsverfahrensgesetz
VwZG	Verwaltungszustellungsgesetz
WEG	Wohnungseigentumsgesetz
z.B.	zum Beispiel
fZfBR	Zeitschrift für deutsches und internationales Bau-u.Vergaberecht

Anordnung

Bauordnungsrechtliche Anordnungen sind fast immer mit Eile verbunden: der Einzelne will schnell bauen, die Behörde schnell einschreiten. Beurteilt werden muß hingegen ein Sachverhalt, der oft über Jahre hinweg entstanden ist.

Dafür werden die Leitsätze der jüngeren höchstrichterlichen und obergerichtlichen Rechtsprechung, zum Teil gekürzt, wiedergegeben. Zum Nachlesen und zur weiteren Recherche wird die Veröffentlichung in einer Fußnote nachgewiesen.

1. Anhörung

Zur beabsichtigten Anordnung ist der Betroffene anzuhören, wenn nicht die Umstände ein sofortiges Einschreiten erfordern, d.h. ihm wird Gelegenheit zur Stellungnahme gegeben.

Die Behörde braucht einen Betroffenen nicht speziell zu der Absicht anzuhören, gegen ihn unter Anordnung des Sofortvollzuges einschreiten zu wollen[1].

Unterbleibt die Anhörung und ist dadurch die rechtzeitige Anfechtung der Anordnung versäumt worden, so gilt die Versäumung der Widerspruchsfrist als nicht verschuldet. Die zweiwöchige Frist zur Wiedereinsetzung und Widerspruchserhebung beginnt mit behördlicher Nachholung der Anhörung, und zwar nicht schon mit Zugang des Anhörungsschreibens, sondern mit Abschluss der Anhörung, also auf den Vortrag des Betroffenen und dessen behördliche Würdigung[2].

Eine unterbliebene Anhörung führt im Eilverfahren nicht zur formellen Rechtswidrigkeit einer ordnungsbehördlichen Anordnung, wenn die Anhörung noch bis zum Abschluss eines anhängigen Hauptsacheverfahren mit heilender Wirkung nachgeholt werden kann (§ 45 Abs. 1 Nr. 3, Abs. 2 VwVfG)[3].

Der Mangel unterlassener Anhörung kann jedoch geheilt werden, wenn der Betroffene seinen Standpunkt erkennbar abschließend vorgetragen, d.h. durch Tatsachenbehauptungen und Rechtsausführungen untermauert hat und die Behörde unter Würdigung dieses Vortrages auf der Ebene des Verwaltungsverfahrens neu im eigentlichen Sinne „entschieden" hat, ob sie ihre Anordnung vollständig aufrechterhält[4].

---

[1] OVG Lüneburg, B.v.31.01.02 – 1 MA 4216/01, BauR 02,772
[2] BVerfG, B.v.11.07.01- 1 BvR 1061/00, NVwZ 01,1392
[3] OVG Lüneburg, B.v.24.05.19- 11 ME 189/19,NordÖR 19,405,441

5

1.1. Beispiele für eine Anhörung

Bevor ich die Verfügung erlasse, gebe ich Ihnen gem. § 28 des Verwaltungsverfahrensgesetzes (VwVfG) hiermit Gelegenheit, innerhalb von 2 Wochen zu dem geschilderten Sachverhalt Stellung zu nehmen.

Bevor ich die Angelegenheit als Ordnungswidrigkeit weiterverfolge und eine ordnungsbehördliche Verfügung erlasse, gebe ich Ihnen hiermit Gelegenheit, sich innerhalb von zwei Wochen nach Zustellung dieses Schreibens zu äußern.

Sofern Sie nicht bis zum ... die Nutzung eingestellt haben, beabsichtige ich, die Nutzung durch Anordnung zu verbieten.

Der von Ihnen erbetenen Fristverlängerung kann ich nicht zustimmen. Ich gewähre Ihnen aber eine Nachfrist bis zum ... . Sollte mir bis zu diesem Zeitpunkt keine Stellungnahme von Ihnen vorliegen, werde ich das angekündigte Zwangsgeld festsetzen.

1.2. Beispiele gegen eine Anhörung

1.2.1. Aufforderung zur (freiwilligen) Befolgung:

Ich weise Sie informatorisch darauf in, dass Ihr Verhalten nicht erlaubnisfähig ist. Mir ist aber daran gelegen, die Angelegenheit ohne behördliche Anordnung zu erledigen.[4]

Bitte teilen Sie mir mit, ob Sie dieser Verfahrensweise zustimmen.

Bitte teilen Sie mir mit, dass Sie die Nutzung als .... einstellen.

1.2.2. (anfechtbare) Anordnung:

Ich fordere Sie auf, den Schuppen zu beseitigen. Sollten Sie dem nicht bis zum ... nachkommen, werde ich die erforderliche Anordnung durch kostenpflichtige Verfügung anordnen.

1.2.3. Androhung eines Zwangsmittels:

Sollten Sie der Anordnung nicht fristgerecht nachkommen, werde ich die Nutzung zwangsweise unterbinden.

---

[4]   OVG Lüneburg, B.v.12.12.16- 11 ME 214/16,NordÖR 17,112 =VBl 17/3 VI

2. Betroffener

Die Bauaufsichtsbehörde hat ihre Anordnungen an die verantwortlichen Personen zu richten. Verantwortliche Personen sind der Bauherr, der Grundstückseigentümer und derjenige, der die tatsächliche Gewalt über eine bauliche Anlage hat

Die Anordnungen müssen nicht schriftlich, sondern können auch mündlich erfolgen. Der Betroffene kann aber die schriftliche Bestätigung einer mündlichen Anordnung verlangen

2.1. Adressat

Die schriftliche Anordnung oder die schriftliche Bestätigung einer mündlichen Anordnung müssen den Adressaten richtig bezeichnen.

Die Außenwirkung einer Regelung dürfte jedenfalls dann anzunehmen sein, wenn eine Behörde gegenüber dem eigenen Rechtsträger eine Maßnahme trifft, die vergleichbar auch gegenüber einem Privaten hätte ergehen können. (z.B. Verbot Baustelle wegen Artenschutz).[5]

2.1.1. Bauherr

Adressat kann jede Person sein, z.B. auch eine Bauherrengemeinschaft[6].

Die Bauherreneigenschaft endet mit Fertigstellung des Bauwerks. Der Bauherr kann nur für die baurechtswidrigen Zustände in Anspruch genommen werden, die im Zuge der Herstellung der baulichen Anlage entstanden sind[7].

2.1.2. Eigentümer

Eigentümer ist die im Grundbuch eingetragene Person(-enmehrheit). Erbbauberechtigte treten an die Stelle der Eigentümer[8].

Sind mehrere Personen im Grundbuch eingetragen, sind diese zusammen auch dann der Grundstückseigentümer, wenn ihre Eintragungsfähigkeit (hier: Gesellschaft bürgerlichen Rechts) umstritten ist[9]. Adressat der Anordnung kann ein geschäftsführender Gesellschafter einer Gesellschaft bürgerlichen Rechts sein[10].

---

[5] OVG Greifswald, B.v.24.07.17- 1 M 497/17,NordÖR 17,451
[6] VGH Kassel, B.v.23.01.07- 4 TG 4829.96, BauR 98,1222
[7] OVG Lüneburg, U.v.21.01.00 – 1 L 4202/99, BauR 00,1030 ff. (1035)
[8] § 56 Satz 2 NBauO
[9] OVG Magdeburg, B.v.29.05.08 - 4 M 275/08, NVwZ-RR 08/10 VI
[10] BayVGH, B.v.03.09.14- 8 CS 13.2535, NvwZ-RR 15,30

Ist die im Grundbuch eingetragene OHG nach Ausscheiden eines Gesellschafters erloschen und das Grundstück (daher) im Wege der Gesamtrechtsnachfolge auf den einzigen verbliebenen Gesellschafter übergegangen, ist (nur) dieser richtiger Adressat, auch wenn das Grundbuch noch nicht berichtigt ist[11].

Gemäß § 79 Abs. 1 S. 5 NBauO gilt die Anordnung auch für den Rechtsnachfolger[12]. Daher ist eine Überleitungs- oder Duldungsverfügung erst bei Anwendung von Zwangsmitteln gegen ihn erforderlich[13].

Erben sind Zustandsstörer erst nach dem Erbfall. Ihre Handlungspflicht ist daher keine Nachlassverbindlichkeit, sondern eine Nachlasserbenschuld[14].

Miteigentümer sind gemäß § 1011 BGB berechtigt, die Abwehrrechte zum Schutz des gemeinsamen Eigentums geltend zu machen[15]. Richtet sich die Anordnung gegen einen Miteigentümer, fehlt gegen sie dem anderen Miteigentümer die Klagebefugnis[16]. In sein (Mit-)Eigentumsrecht greift erst eine Duldungsverfügung ein. Gegen sie kann der andere Miteigentümer die Rechtswidrigkeit der Anordnung auch dann rügen, wenn sie gegen den in Anspruch genommene Miteigentümer rechtskräftig ist[17].

Wird die Grundstücksgemeinschaft in Anspruch genommen, bedarf es nach den §§ 745, 747 BGB ebenso wie bei der Erbengemeinschaft nach §§ 2038, 2040 BGB eines einstimmigen Beschlusses, will sie Eigentümerrechte geltend machen.
Bei Wohnungseigentum ist zu unterscheiden:

Bezieht sich die Anordnung auf eine bestimmte Wohnung, muss sie sich gegen deren Sondereigentümer richten[18].

Bezieht sich die Anordnung nicht auf eine bestimmte Wohnung, muss sie sich an die Wohnungseigentümergemeinschaft oder deren Verwalter richten[19], an alle Wohnungseigentümer, wenn sie einen Eingriff in das Gemeinschaftseigentum und die Schaffung neuen Gemeinschaftseigentums erfordert[20].

---

[11] OVG Schleswig, U.v.23.04.08 – 2 LB 37/07, NordÖR 08,440
[12] OVG Lüneburg, B.v.15.11.13- 1 LA 65/13,BauR 14,595,1132 =NordÖR 14,147
[13] OVG Lüneburg, B.v.17.07.14-1 ME 84/14,NVwZ 14,1465=BauR 14,1825,2079=NordÖR 14,460
=Rpfl 15,28
[14] OVG Lüneburg, U.v.26.02.14- 1 LB 100/09, BauR 14,1444,2140
[15] OVG Lüneburg, B.v.14.06.90 – 1 M 33/90, BauR 90,579
[16] OVG Münster, B.v.13.02.14- 2 A 984/13, BauR 14,1469
[17] OVG Münster, B.v.13.02.14- 2 A 983/13, BauR 14,1450,2141
[18] OVG Lüneburg, B.v.11.01.99- 1 M 5704/98, Datenbank (Vermauerung Tür zum 2. Rettungsweg)
[19] VG Hannover, U.v.14.05.18- 4 A 8334/17,NJW-Sp 18,579
[20] OVG Münster, U.v.28.08.01 – 10 A 3051/99, BauR 02,763 ff. (768): Anordnung eines
2.Rettungsweges

Muss wegen einer infzierten Trinkwasseranlage in den Gebäuden einer Wohnungseigentümergemeinschaft die Verwaltungsbehörde tätig werden, kann sie einen allfälligen Bescheid an die Wohnungseigentümergemeinschaft "als Verband" zustellen.

Bezieht sich die Anordnung sowohl auf eine bestimmte Wohnung als auch auf Gemeinschaftseigentum, muss sie sich sowohl gegen den Wohnungseigentümer dieser bestimmten Wohnung als auch gegen alle Wohnungseigentümer richten. Die Adressierung der Anordnung an die Wohnungseigentümergemeinschaft genügt in diesem Fall nicht dem Grundsatz ausreichender Bestimmtheit[21]. Den Verwalter kann sie sich nicht In Anspruch nehmen, weil dieser nicht gemäß § 27 WEG befugt ist, die mit der Umsetzung der Anordnung verbundenen baulichen Veränderungen/Maßnahmen ohne Zustimmung der Wohnungseigentümer durchzuführen[22]. Sofern bei der Umsetzung der Ordnungsverfügung auch das Sondereigentum einzelner Mitglieder betroffen wird, wird durch dieses zivilrechtliche Hindernis die Rechtmäßigkeit der Anordnung nicht berührt, vielmehr muss vor Vollstreckung ggf. eine Duldungsverfügung erlassen werden[23].

Hat der Eigentümer die bauliche Anlage vermietet/verpachtet, muss die ihm gesetzte Frist, nach deren Ablauf die baurechtswidrige Nutzung zu unterlassen ist, so lang bemessen sein, dass er den Miet-/Pachtvertrag beenden kann. Denn eine baurechtswidrige Nutzung ist kein Kündigungsgrund[24].

2.1.3.   Inhaber der tatsächlichen Gewalt

Inhaber der tatsächlichen Gewalt über die bauliche Anlage oder das Grundstück ist der Mieter/Pächter oder derjenige, der nach der Verkehrsauffassung und eine zusammenfassende Würdigung aller Umstände zu jeder Zeit und beliebig auf die Sache einwirken kann[25].

Dem Mieter/Pächter kann nicht die Beseitigung der baulichen Anlage aufgegeben werden[26], weil er gegenüber dem Eigentümer nur nutzen, nicht aber beseitigen darf. Er ist auch nicht Rechtsnachfolger des Eigentümers, so dass er nicht sich gegen eine Anordnung wenden kann, die sich gegen den Eigentümer richtet. Ihm ist es auch verwehrt, sich gegenüber einer Duldungsverfügung auf

---

[21] VG Köln, B.v.29.12.04 – 7 L 1441/04, NVwZ-RR 05,762
[22] OVG Saarlouis, B.v.03.09.14- 2 B 318,319/14, NJW-Sp 14,678 = BauR 14,2137; 15,164
[23]   OVG Greifswald, B.v.02.03.16- 3 M 440/15,NordÖR 16,251 =NJW-Sp 16,450 =BauR 16,1303,2133
              =NVwZ-RR 16,896
[24] Zu § 564 b BGB i.d.F. bis 01.08.2001: OVG Lüneburg, U.v.22.01.68 – VI A 199/66, DöV 68,699;
              OVG Berlin, U.v.16.02.90 – 2 B 36.88, LKV 91,242
[25] OVG Magdeburg, B.v.22.07.13- 2 M 82/13, NvwZ-RR 13,962 =BauR 14,819,1353
[26] Ausnahme: als Campingplatzbetreiber, OVG Münster, U.v.09.12.94 – 10 A 1753.91, BauR 95,676

die Rechtswidrigkeit der gegen den Eigentümer ergangenen Anordnung zu berufen[27].

Ist jedoch gegen den Eigentümer vor Abschluss des Miet-/Pachtvertrages eine den Besitz betreffende Anordnung ergangen, ist der Mieter/Pächter dessen (Teil-) Rechtsnachfolger[28]. Ist der Eigentümer Mieter geworden, darf die gegen ihn gerichtete Anordnung weiterhin vollstreckt werden[18]. Werden dem Eigentümer Zwangsmittel angedroht, kann der Mieter/Pächter dagegen vorgehen, weil seine subjektiven Rechte der Vollstreckung entgegenstehen. Denn sein Besitzrecht ist Eigentum im Sinne von Art. 14 Abs. 1 Satz 1 GG[29].

An der Verantwortlichkeit des Mieters/Pächters ändert eine Vertragsbeendigung während des verwaltungsgerichtlichen Klageverfahrens nichts[30], weil die Anordnung gemäß § 79 Abs. 1 Satz 5 NBauO auch gegenüber dem Rechtsnachfolger gilt. Endet der Miet-/Pachtvertrag aber vor der Entscheidung über seinen Widerspruch, verliert der Mieter/Pächter seine Eigenschaft als Inhaber der tatsächlichen Gewalt[31]. Denn die Anordnung findet ihre endgültige Gestalt durch den Widerspruchsbescheid[32], und zu diesem Zeitpunkt ist wegen der Vertragsbeendigung Rechtsnachfolger der Eigentümer, der Mieter/Pächter ist hingegen Rechtsvorgänger geworden.

Der Insolvenzverwalter wie auch der Zwangsverwalter sind Inhaber der tatsächlichen Gewalt über das Grundstück und/oder die bauliche Anlage gemäß § 80 Abs. 1 InsO wie auch gemäß § 148 ZVG. Daran ändert nichts, dass zuvor diese der Gemeinschuldner hatte und/oder er den baurechtswidrigen Zustand verursacht hat, wofür er in Anspruch genommen werden könnte[33]. Hat der Insolvenzverwalter das Grundstück aus der Masse freigegeben, hat er über dieses die tatsächliche Gewalt verloren[37]. Gibt der Insolvenzverwalter nicht das Grundstück, sondern nur die auf ihm befindliche bauliche Anlage aus der Masse frei, kann das für ihren Besitz erforderliche Mindestmaß an tatsächlicher Sachherrschaft auf Grund seines fortbestehenden Besitzes am Grundstück nach der Verkehrsauffassung und den Umständen des Einzelfalls bestehen bleiben[34].

Inhaber der tatsächlichen Gewalt kann auch derjenige sein, der der Bauaufsichtsbehörde diesen Eindruck vermittelt, indem er z.B. angibt, Eigentümer zu sein. Stellt sich (ggf. auch später) heraus, dass er in Wahrheit (schon) vor Erlass der Anordnung die Schlüssel zum Gebäude jemandem

[27] OVG Münster, B.v.09.04.14- 15 B 234/14, NvwZ-RR 14,634
[28] BayVGH, B.v.05.08.96 – 14 AS 96.1624, NJW 97,961;
a.A. BayVGH, B.v.13.08.92 – 2 CS 92.1618, BauR 92,613
[29] BVerfG, B.v.26.05.93 – 1 BvR 208.93, NJW 93,2035
[30] OVG Lüneburg, U.v.21.01.00 – 1 L 4202.99, BauR 00,1030 ff.(1035)
[31] OVG Münster, U.v.23.04.96 – 10 A 3565/92, BauR 96,700
[32] § 79 Abs. 1 Nr. 1 VwGO
[33] BVerwG, U.v.23.09.04 – 7 C 22/03, NVwZ 04,1505
[34] BayVGH, U.v.04.05.05 – 22 B 99.2208 u. 09, UPR 05,446

anderem übergeben hatte, kann er nicht als Inhaber der tatsächlichen Gewalt in Anspruch genommen werden[35].

2.2. Bekanntgabe

Die Anordnung muss nicht förmlich zugestellt werden.

Entscheidet sich eine Behörde ohne gesetzliche Verpflichtung für eine förmliche Bekanntgabe eines Verwaltungsaktes, ist sie an die Beachtung der für die Zustellung vorgesehenen Förmlichkeiten genauso gebunden wie bei einer gesetzlichen Verpflichtung. Dies schließt es auch bei einer freiwillige gewählten Bekanntgabe durch Zustellung aus, eine fehlerhafte Zustellung in eine fehlerfreie Bekanntgabe umzudeuten. Das Fehlen der nach § 37 Abs. 3 VwVfG NRW erforderlichen Unterschrift führt regelmäßig zur Rechtswidrigkeit des Verwaltungsaktes, nicht zu dessen Nichtigkeit.[36]

Einschreiben und einfacher Brief gelten als zugestellt mit dem 3.Tag nach der behördlichen Aufgabe zur Post, wenn der Betroffene nicht den späteren Zugang plausibel macht.

Für den einfachen Brief ist beim Postfach maßgebend der Tag (ggf. auch Samstag[37]) der Einsortierung, nicht der Tag der Abholung.

Bestreitet ein Dritter mit Nichtwissen, dass ein durch einfachen Brief übermittelter Verwaltungsakt dem Adressaten zugegangen ist, wird die Zugangsvermutung des § 122 II AO allein dadurch nicht erschüttert.[38]

Legt der Bevollmächtigte eine schriftliche Vollmacht nicht vor, ist die Bekanntgabe an den Betroffenen in der Regel wirksam[39].

Die Aushändigung des eingeschriebenen Briefs an nur einen der an beide Eheleute gerichteten Anordnung ist ausnahmsweise dann wirksam, wenn sich die Eheleute zumindest zur Entgegennahme gegenseitig bevollmächtigt haben, wobei eine Anscheins- oder Duldungsvollmacht genügt[40].

Bei Aushändigung des Bescheides muss ein an eine Firma gerichteter Bescheid dem gesetzlichen Ersatzempfänger[41] übergeben werden.

---

[35] OVG Lüneburg, B.v.26.02.08 – 1 ME 4/08, Datenbank
[36] OVG Münster, B.v.30.01.17- 2 B 1226/16,BauR 17,1163
[37] OVG Münster, B.v.07.03.01 – 19 A 4216/99, NVwZ 01,1171
[38] BVerwG, U.v.15.06.16- 9 C 19/15,NJW 16/36,10 =NVwZ 17,565 =BVerwGE 155,241
[39] OVG Lüneburg, B.v.29.11.07 – 11 LA 172/07, Nds.RPfl. 08,114
[40] VGH Mannheim, U.v.29.09.88 – 3 S 2976/87, NVwZ-RR 89,597
[41] §§ 6 Abs. 2, 3 Abs. 2 VwZG

Fallen der Bekanntgabeadressat und der Inhaltsadressat auseinander, so muss dem Verwaltungsakt eindeutig zu entnehmen sein, wer von beiden inhaltlich bzw. der Sache nach Adressat des Verwaltungsakts sein soll. Bezogen auf eine GmbH bedeutet dies, dass in dem Verwaltungsakt eindeutig zum Ausdruck kommen muss, ob er sich an die Gesellschaft als solche richtet oder an ihren Geschäftsführer als natürliche Person. Ist aufgrund der persönlichen Adressierung und der Zustellung an die Privatanschrift des Geschäftsführers ohne Hinweis auf seine Vertreterstellung nicht eindeutig erkennbar war, dass die GmbH Inhaltsadressat sein sollte leidet der Verwaltungsakt an dem Fehler der Unbestimmtheit des Inhaltsadressaten und ist er nicht vollzugs- und vollstreckungsfähig, soweit die Unbestimmtheit reicht.[42]

Die Adressierung an die „Wohnungseigentümergemeinschaft (oder „Eigentümergemeinschaft") zu Händen des Verwalters" kann dahin ausgelegt werden, dass damit die der Gemeinschaft angehörenden Wohnungseigentümer gemeint sind[43]. Der Verwalter ist nicht nur als Vertreter der Gemeinschaft, sondern gemäß § 27 II Nr. 3 WEG auch empfangsbevollmächtigt für Forderungen, die gegen die einzelnen Wohnungseigentümer gerichtet sind, aber gesamtschuldnerisch anfallen[44]. Die Empfangsvollmacht des Verwalters setzt allerdings voraus, dass dieser (noch) Verwalter ist.

Bei Maßnahmen zur Gefahrenabwehr kann eine Ordnungsverfügung an einen nicht vertretungsberechtigten Gesellschafter einer Gesellschaft bürgerlichen Rechts als Notgeschäftsführer zugestellt werden.[45]

3.   Inhalt

Inhalt der Anordnung ist ihr (verfügender) Teil, das Verlangen der Bauaufsichtsbehörde. Dieses muss für die Herstellung oder Sicherung rechtmäßiger Zustände erforderlich sein.
Gemäß § 108 I SchlHLVwG muss ein Verwaltungsakt inhaltliche hinreichend bestimmt sein. Das bedeutet zum einen, dass der Adressat in die Lage versetzt werden muss zu erkennen, was von ihm gefordert wird. Unter Zugrundelegung eines die Behörde und den Adressaten umgreifenden gemeinsamen Verständnishorizontes muss der Anordnung durch Auslegung zu entnehmen sein, welches konkrete Verhalten verhindert werden soll oder vom Adressaten erwartet wird. Zum anderen muss der Verwaltungsakt geeignete Grundlage für Maßnehmen zu seiner zwangsweisen Durchsetzung sein können. Die Konkretisierung dessen, was geboten ist, muss bereits im anordnenden Verwaltungsakt erfolgen und darf nicht der Vollstreckung überlassen bleiben. Im

[42] OVG Saarlouis, U.v.20.02.17- 2 A 34/16,NVwZ-RR 17,514 =BauR 17,1080
[43] OVG Lüneburg, U.v.29.07.92 – 6 L 160.90, V.n.b.;
         OVG Münster,B.v.25.06.15- 13 B 452/13,NJW-Sp 15,578 =NJW 15,3528 m.Anm Bittner
[44] BVerwG, B.v.11.11.05 – 10 B 657/05, NJW 06,791
[45] OVG Bautzen, B.v.04.12.18- 3 B 277/18,NJW 19,1763

Vollstreckungsverfahren ist lediglich festzustellen, dass das Verhalten des Adressaten in tatsächlicher Hinsicht der konkreten Anordnung des Verwaltungsaktes nicht entspricht (BVerwGE 148,146 =NVwZ 2014,889 Rn. 13; BVerwGE 94,341 =NVwZ 1994,1013 Ls =BeckRS 1993,30427384).[46]

3.1. Einstellung rechtswidriger Arbeiten

Bei genehmigungspflichtigen Vorhaben kann die Einstellung von Bauarbeiten schon dann angeordnet werden, wenn ohne oder abweichend von der Baugenehmigung gebaut wird und nicht offensichtlich ist, dass eine Baugenehmigung erteilt werden kann[47]. Die einzustellenden Bauarbeiten sind so zu bezeichnen, dass nicht (auch) die Bauarbeiten erfasst werden, die der Baugenehmigung genügen[48].

"Begonnen" iSv § 74 VII HessBauO wurde eine Baumaßnahme idR nur dann, wenn sie in Einklang mit der ihr zugrundeliegenden Baugenehmigung steht.
Das Anbringen eines Bauschildes stellt keine den Anforderungen des § 75 III HessBauO genügende Baubeginnanzeige dar.
Für die Annahme,dass eine ordnungsmäßige Baubeginnanzeige konstitutiv für einen -rechtmäßigen- Baubeginn ist, spricht, dass die Bauaufsicht gem. § 81 I Nr.1 HessBauO die Baueinstellung verfügen darf, wenn keine Baubeginnanzeige vorliegt[49].

Der Erlass einer Einstellungsverfügung nach § 13 Abs. 2 Satz 1 DSchG ist nicht erst dann ermessensfehlerfrei möglich, wenn die ungenehmigte Maßnahme auch materiell nicht genehmigungsfähig ist, sondern in der Regel bereits bei Vorliegen nur formeller Illegalität. In diesen Fällen ist regelmäßig auch die Anordnung der sofortigen Vollziehung nach § 80 Abs. 2 Satz 1 Nr. 4 VwGO gerechtfertigt.[50]
Für den Erlass einer Baueinstellung gemäß § 78 I LSABauO reicht schon ein durch Tatsachen belegter "Anfangsverdacht" eines Rechtsverstoßes aus; die Errichtung einer (ungenehmigten) Anlage darf schon dann vorbeugend gestoppt werden, wenn die Frage der Genehmigungsbedürftigkeit jedenfalls ernstlich zweifelhaft ist. § 60 I Nr. 11 Buchst. a LSABauO erfasst nur Maßnahmen innerhalb baulicher Anlagen, nicht jedoch die Erneuerung von Außenwänden.[51]

---

[46] OVG Schleswig, B.v.13.07.16- 4 MR 1/16,NVwZ-RR 16,951
[47] OVG Lüneburg, B.v.08.05.87 – 6 B 10/87, NVwZ 89,170,
[48]   BayVGH, B.v.11.09.17- 1 ZB 16.2186,NJW-Sp 17,654
[49]   VGH Kassel, B.v.13.01.20- 3 B 2373/19,NVwZ-RR 20,631
[50] OVG Hamburg, B.v.15.02.16- 3 Bs 239/15,BauR 16,1143,1810 =NordÖR 16,366 =NVwZ-RR 16,809
[51] OVG Magdeburg, B.v.28.01.19- 2 M 128/18,NVwZ-RR 19,590

3.2.   Ausführung erforderlicher Arbeiten

Werden dem Betroffenen Baumaßnahmen an Teilen vorhandener baulicher Anlagen abverlangt, genügt es nicht, die „Wiederherstellung des ursprünglichen Zustandes" anzuordnen. Vielmehr erfordert der Bestimmtheitsgrundsatz, die Bauteile (namentlich: Wände), an denen die Vornahme von Arbeiten gewünscht wird, nicht nur im Wort, sondern durch Beifügung eines Planes und darin enthaltener Einzeichnungen so eindeutig zu verdeutlichen, dass aus seiner Sicht nicht nur kein vernünftiger Zweifel daran bestehen kann, welche der Innenwände wiederhergestellt und in bestimmter Weise versteift werden sollen, sondern auch, bis zu welcher Höhe und in welcher Breite/Wandstärke dies geschehen soll[52].

Das Hamburgische Wohnraumschutzgesetz (HmbWoSchG) findet auf Räumlichkeiten Anwendung,die - sofern das Gebäude damals schon errichtet war- zum Zeitpunkt des Inkrafttretens der Zweckentfremdungsverordnung vom 7.Dezember 1971 geschützten Wohnraum dargestellt haben.Diese setzt voraus, dass die Räumlichkeiten seinerzeit zu Wohnzwecken objektiv geeignet und subjektiv bestimmt gewesen sind.
An der Wohneignung kann es aus tatsächlichen oder rechtlichen Gründen fehlen; rechtlich ungeeignet sind Räume, die - etwa wegen entgegenstehender baurechtlicher Vorschriften – aus Rechtsgründen so nicht bewohnt werden dürfen; unbeachtlich ist dabei jedoch eine - nur - formelle Baurechtswidrigkeit, also das Fehlen lediglich der die (materiell baurechtmäßige) Wohnnutzung deckende Baugenehmigung.
Eine ein Wiederherstellungsgebot nach § 12 Abs. 2 Satz 1 HmbWoSchG begründende Veränderung kann vorliegen, wenn in dem Wohngebäude bauliche Maßnahmen ohne erforderliche Baugenehmigung   vorgenommen wurden (formelle Baurechtswidrigkeit) und aufgrund einer späteren Änderung bauordnungsrechtlicher Vorschriften keine Genehmigungsfähigkeit gegeben ist (materielle Baurechtswidrigkeit).
Zu den Anforderungen an die Bestimmtheit eines Wiederherstellungsgebots.
Im Hinblick auf die Unzumutbarkeit gemäß § 12 Abs. 2 Sätze 2 und 3 HmbWoSchG trifft den Verfügungsberechtigten jedenfalls eine gesteigerte Darlegungslast.
§ 13 Abs. 1 Satz 1 HdmbWoSchG ermächtigt dazu, den Verfügungsberechtigten aufzufordern, in regelmäßigen Abständen nachzuweisen, dass die erforderlichen Maßnahmen zur Wiederherstellung der Wohneignung durchgeführt werden[53].

Eine Anordnung der Denkmalschutzbehörde zur Wiederherstellung des vorherigen Zustands eines widerrechtlich vollständig zerstörten Kulturdenkmals nach § 11 II SächsDSchG kommt auch dann in Betracht, wenn die Replik

---

[52] OVG Lüneburg, B.v.26.02.08 – 1 ME 4/08, Datenbank
[53] OVG Hamburg, B.v.16.01.20- 4 Bs 176/19,NordÖR 20,243

(Nachbau) nicht die Denkmaleigenschaft des untergegangenen Denkmals wieder aufleben lassen und fortführen kann[54].

Wer ein sanierungsbedürftiges Baudenkmal "sehenden Auges" erwirbt, dessen Sanierungsbedürftigkeit offensichtlich ist und dem die Denkmaleigenschaft bekannt ist, kann sich auf die wirtschaftliche Unzumutbarkeit der Erhaltung jedenfalls dann nicht berufen, wenn ihm eine Veräußerungsmöglichkeit des Objekts zu einem angemessenen Preis angeboten wird[55].

§ 15 Abs. 3 HBKG stellt keine allgemeine Eingriffsermächtigung zur Mängelbeseitigungsanordnung für den Brandschutz dar, sondern knüpft an die Voraussetzungen der Gefahrenverhütungsschau nach § 15 Abs. 2 HBKG an[56].

Der Anordnung eines Rückbaus wegen Überschreitung der im Bebauungsplan festgesetzten Baugrenze steht nicht entgegen, dass sie keine rechtmäßigen Zustände herstellt hinsichtlich der überschrittenen Grundflächenzahl und der unterschrittenen Mindestgröße des Grundstücks[57].

Die Bauaufsichtsbehörde kann auch Sicherungsmaßnahmen anordnen, wenn sie dem Schutz anderer Rechtsgüter vor den Gefahren dienen, die von einem nicht baurechtskonformen Zustand einer baulichen Anlage ausgehen (z.B. Anlegung eines behelfsmäßigen Bürgersteigs wegen Schäden am Dach)[58].

Bei Abbruch einer Doppelhaushälfte ist nach niedersächsischem Recht neben dem abbrechenden Bauherrn der Eigentümer des Nachbarhauses für die Sicherung der verbleibenden Trennwand bauordnungsrechtlich verantwortlich; dies gilt unabhängig davon, ob die Sicherung während der Abbrucharbeiten oder danach erfolgt[59].

Hat die Behörde die Gefahrenlage selbst beseitigt (hier: durch Anbringung eines Absperrgitters), so ist ein öffentliches Interesse am Sofortvollzug nicht mehr gegeben. Ob es sich bei dem - fest angebrachten - Gitter um eine provisorische oder dauerhafte Absperrung handelt, ist insoweit ohne Bedeutung.[60]

Die Anlegung einer Außentreppe kann nicht angeordnet werden, wenn es sich entgegen der behördlichen Ansicht nicht um ein Altenwohnheim handelt.[61]

---

[54] OVG Bautzen, U.v.27.09.18- 1 A 187/18,NVwZ-RR 19,493
[55] OVG Magdeburg, U.v.18.02.15- 2 L 175/13,NVwZ-RR 15,530
[56] VGH Kassel, B.v.16.03.15- 5 A 1541/14,BauR 15,1211
[57] OVG Lüneburg, B.v.04.03.14- 1 LA 54/13, V.n.b.
[58] OVG Münster, U.v.08.04.14- 2 A 371/13, BauR 14,1759; 15,164
[59] OVG Lüneburg, B.v.09.12.15- 1 LA 183/14,NordÖR 16,131 =BauR 16,717
[60] OVG Saarland, B.v.22.02.16- 2 B 8/16,BauR 16,1056
[61] BayVGH, U.v.05.02.15- 2 BV 14.1202,BauR 15,1134 =NVwZ-RR 15,526

Dem Eigentümer eines Grundstücks kann vorläufig untersagt werden, mit den Vorarbeiten für den Abriss des auf dem Grundstück befindlichen ehemaligen Kinder- und Jugendheimes zu beginnen, um Platz für ein Flüchtlingswohngebäude zu schaffen.[62] Das Interesse der Behörde zu verhindern, dass durch den unmittelbar bevorstehenden Abriss des auf dem beschlagnahmten Grundstück befindlichen Gebäudes vollendete Tatsachen geschaffen werden, kann überwiegen.[63]

3.3. Beseitigung von baulichen Anlagen oder deren Teile

Die Anwendbarkeit des § 84 RhPfLBauO beschränkt sich nicht allein auf baurechtliche Genehmigungsverfahren, sondern gilt auch, soweit Eingriffsmaßnahmen im Raum stehen.

§ 84 RhPfLBauO dient der Vermeidung von Doppelzuständigkeiten und weist in den dort vorgesehenen Fällen die alleinige Aufsichtszuständigkeit der jeweiligen Fachbehörde zu.

Die sachliche Zuständigkeit für eine Beseitigungsverfügung betreffend eine nach § 76 I RhPfWassG (F: 2011) genehmigungsbedürftige und nicht genehmigte Aufschüttung im Gewässerbereich liegt allein bei der unteren Wasserbehörde als (Sonder-) Bauaufsichtsbehörde(vgl. § 117 RhPfWassG F: 2011).

Eine dennoch von der Verbandsgemeindeverwaltung als untere Bauaufsichtsbehörde erlassene Beseitigungsverfügung nach § 81 RhPfLBauO ist aufzuheben, auch wenn in einer Auflage zu einer bestandskräftigen Baugenehmigung die Unterlassung von Bodenveränderungen im Gewässerbereich gefordert wird[64].

Ist eine Anlage in, an, über oder unter einem oberirdischen Gewässer ohne die erforderliche Genehmigung errichtet worden, steht es im Ermessen der zuständigen Wasserbehörde, ob sie die Beseitigung der Anlage (hier: Rückbau der Bewässerungsleitung für ein Spargelbeet und Wiederherstellung der Böschung) anordnet. Der Grundsatz der Verhältnismäßigkeit gebietet es erst dann von einer Beseitigungsanordnung Abstand zu nehmen, wenn sich verlässlich absehen lässt, dass einer Legalisierung nichts entgegensteht[65].

Die Beseitigung eines Zauns im Außenbereich ohne oder mit nur wenigen Pfosten aus Beton kann nicht angeordnet werden. Zwar ist i.S.d. Nr. 6.3 des Anhangs zur NBauO mit Sockel versehen eine Einfriedigung schon dann, wenn die Pfosten zur Stabilisierung mit Standfüßen aus Beton versehen sind (wie BayObLG, Beschl.v.13.07.1989- 3 Ob OWi 100/89-,BayVBl 1989,730). Genehmigungsbedürftig wird die Einfriedigung jedoch erst dann, wenn eine

[62] OVG Lüneburg, B.v.14.10.15- 11 ME 230/15,NVwZ 15/21VII
[63] OVG Lüneburg, B.v.13.10.15- 11 ME 230/15,VBl 16/1VI
[64] OVG Koblenz, U.v.30.11.15- 1 A 10317/15,NVwZ-RR 16,293
[65] OVG Münster, B.v.14.05.18- 20 B 117/18,RdL 18,282

namhafte Anzahl von Pfosten so stabilisert worden ist; das Vorhaben bleibt hingegen genehmigungsfrei, wenn nur einige wenige Pfosten so armiert worden sind[66].

Die Bauaufsichtsbehörde ist regelmäßig gehalten, den vollständigen Abriss der die Abstandflächen nicht einhaltenden Anlage anzuordnen, sofern diese weder bautechnisch noch nach den Vorstellungen des Bauherrn teilbar ist[67].

3.3.1. Schwarzbauten

Der Gleichheitssatz ist nicht verletzt, wenn die Bauaufsichtsbehörde nur gegen Schwarzbauten vorgeht, die nach einem bestimmten Zeitpunkt errichtet oder verändert worden sind[68].

Ist ein Verwaltungsakt unanfechtbar geworden, kommt es im Rahmen seiner Vollstreckung nicht darauf an, ob er rechtmäßig ist. Die systematische Erfassung des rechtswidrigen Baubestands und die Verfolgung eines Konzepts beim Einschreiten gegen rechtswidrige Bauten gehört zu den Voraussetzungen einer ordnungsgemäßen, den Anforderungen des Art. 3 GG gerecht werdenden Ermessensbetätigung beim Erlass einer Abbruchanordnung im Sinne des § 65 Satz 1 BWLBO, wenn trotz einer Mehrzahl rechtswidriger baulicher Anlagen nicht flächendeckend gegen diese vorgegangen werden soll.Die Beachtung dieser Anforderungen ist deshalb im Rahmen der Verwaltungsvollstreckung einer solchen Anordnung nicht erneut zu prüfen[69].

Die Ermessensentscheidung, eine Beseitigungsverfügung zu erlassen, kann die Bauaufsichtsbehörde im Regelfall ordnungsgemäß damit begründen, dass die zu beseitigenden Anlage formell und materiell illegal ist und dass ein öffentliches Interesse daran besteht, keinen Präzedenzfall oder Berufungsfall zu schaffen. Eine weitergehende Abwägung des "Für und Wider" einer Beseitigungsanordnung ist nur dann geboten, wenn konkrete Anhaltspunkte ausnahmsweise für die Angemessenheit einer vorübergehenden oder dauerhaften Duldung eines rechtswidrigen oder ordnungswidrigen Zustands sprechen[70].

Hinsichtlich der Beseitigung von Schwarzbauten, die bereits vor dem Ende des Zweiten Weltkriegs errichtet und bis in die jüngste Zeit unbeanstandet genutzt worden sind, hat die Bauaufsichtsbehörde im Rahmen ihrer Ermessensbetätigung die Angemessenheit einer "Stichtagsregelung" zu erwägen[71].

---

[66] OVG Lüneburg, U.v.26.10.16- 1 LB 87/14,RdL 17,37 =VBl 17/2 VIII =BauR 17,261,920
[67] OVG Münster, B.v.26.01.15- 7 A 1070/14,BauR 15,1470
[68] BVerwG, B.v.24.07.14- 4 B 34.14, BauR 14,1923; 15,306
[69] VGH Mannheim, B.v.17.12.15- 8 S 2187/15,NVwZ-RR 16,557 =BauR 16,652
[70] OVG Münster, U.v.20.04.16- 7 A 1367/14,BauR 16,1138 =RdL 16,312
[71] OVG Münster, U.v.24.02.16- 7 A 19/14,NVwZ-RR 16,529 =BauR 16,805

Die Ermessensentscheidung, eine Beseitigungsverfügung zu erlassen, kann die Bauaufsichtsbehörde im Regelfall ordnungsgemäß damit begründen, dass die zu beseitigenden Anlage formell und materiell illegal ist und dass ein öffentliches Interesse daran besteht, keinen Präzedenzfall oder Berufungsfall zu schaffen. Eine weitergehende Abwägung des "Für und Wider" einer Beseitigungsanordnung ist nur dann geboten, wenn konkrete Anhaltspunkte ausnahmsweise für die Angemessenheit einer vorübergehenden oder dauerhaften Duldung eines rechtswidrigen oder ordnungswidrigen Zustands sprechen[72].

Eine bestandskräftige Beseitigungsanordnung stellt die materielle Illegalität der zu beseitigenden baulichen Anlage verbindlich fest. Bei gleichbleibender Sach- und Rechtslage kann ein nachträglich gestellter Bauantrag diese materielle Illegalität nicht wieder beseitigen[73].

Wird eine Baustelle versiegelt, um die Fortsetzung rechtswidriger Bauarbeiten zu verhindern, steht dies weder dem späteren Erlass einer Beseitigungsverfügung in Bezug auf die (bereits) rechtswidrig errichteten Teile des Bauwerks noch der Befolgung der Beseitigungsverfügung durch den Pflichtigen oder der Anordnung einer Ersatzvornahme entgegen[74].

3.3.2.   Erwerb

Eine freiwillige Übernahme des Risikos einer Inanspruchnahme, die eine Begrenzung der Kostenbelastung auf den Verkehrswert des Grundstücks nach Beseitigung des baufälligen Gebäudes als nicht geboten erscheinen lässt, liegt auch dann vor, wenn es der Erbe eines Grundstücks in Kenntnis des desolaten Zustands der aufstehenden Gebäude unterlässt, das Erbe auszuschlagen.[75]

Eine sich aus der Zustandsverantwortlichkeit ergebende Verpflichtung stellt keine reine Nachlassverbindlichkeit iSd § 1967 BGB dar. Die sich aus der Zustandshaftung ergebende Handlungspflicht des Rechtsnachfolgers entsteht erst nach dem Erbfall originär und neu.
Eine Haftungsbeschränkung eines Bundeslandes als Fiskalerbe nach Maßgabe der Entscheidung des Bundesverfassungsgerichts vom 16.2.2000 (BVerfGE 102,1=NJW 2000,2573=NVwZ 2000,1033 Ls.), in der das Bundesverfassungsgericht Maßstäbe zu den aus Art. 14 I GG folgenden Grenzen der Zustandshaftung des Eigentümers für die Grundstückssanierung bei Altlasten aufgestellt hat, scheidet aus, weil sich juristische Personen des öffentlichen Rechts regelmäßig nicht auf Art. 14 GG berufen können. Auch der allgemeine verfassungsrechtliche Grundsatz der Verhältnismäßigkeit, der auch im Verhältnis zwischen Trägern öffentlicher Verwaltung Geltung beanspruchen

---

[72] OVG Münster, U.v.20.04.16- 7 A 1367/14,BauR 16,1138 =RdL 16,312
[73] BayVGH, B.v.23.11.15- 1 ZB 15.1978, NJW-Sp 16,78
[74] OVG Schleswig, B.v.25.04.16- 1 LA 2/16,NordÖR 16,339
[75] OVG Magdeburg, B.v.23.02.15- 2 M 147/14,NVwZ-RR 15,691 =BauR 15,1366

kann, steht der Inanspruchnahme des Fiskalerben als Zustandsstörer für den Abbruch eines einsturzgefährdeten Gebäuden nicht entgegen.

Das Land Niedersachsen kann als Zwangserbe eines Grundstücks nicht die Dürftigkeitseinrede des § 1990 Abs. 1 S. 1 BGB geltend machen, wenn es wegen einer nach dem Erbfall eingetretenen Störung als Zustandsstörer in Anspruch genommen wird, da die Kosten dieser Inanspruchnahme Eigenverbindlichkeiten des Erben und keine Nachlassverbindlichkeiten i.S.v. § 1967 BGB darstellen[76].

3.3. 3.   Ruine

Bei dem Abbruch eines Gebäudes in einem förmlich festgelegten Sanierungsgebiet wegen Einsturzgefahr handelt es sich nicht zwingend um eine Ordnungsmaßnahme iSv § 147 BauGB.
Die Bauaufsichtsbehörde muss bei der Betätigung des ihr nach § 57 II 2 LSABauO eingeräumten Ermessens die Kulturdenkmaleigenschaft eines Gebäudes gebührend berücksichtigen[77].

§§ 79 Abs. 1 Satz 3 und 4, 52 ff. NBauO lassen für eine entsprechende Anwendung des § 7 Abs. 3 SOG und damit für die bauaufsichtliche Inanspruchnahme desjenigen, der das Eigentum an einem Grundstück, auf dem baurechtswidrige Zustände bestehen, aufgegeben hat, keinen Raum[78].

Zu den Anforderungen an die bauaufsichtsbehördliche Anordnung zum Abbruch eines verfallenen Gebäudes[79].

§ 54 NBauO 2003 (entspricht § 79 Abs. 3 NBauO 2012) ließ den Erlass einer Beseitigungsverfügung im Ausgangspunkt zwar schon dann zu, wenn das Gebäude im Verfall begriffen war. Die Bauaufsichtsbehörde hat aber Bemühungen seines Eigentümers, diesen Verfall aufzuhalten und das Bauwerk wieder in gebrauchsfähigen Zustand zu versetzen, auch dann als privates Erhaltungsinteresse zu berücksichtigen, wenn diese erst nach Erlass des Widerspruchsbescheides ernstlich verfolgt werden. Insoweit hat sie ihren Bestand unter Kontrolle zu halten unabhängig von der Frage, ob diese Baumaßnahmen formell und materiell rechtmäßig sein müssen[80].

---

[76]   VG Hannover, U.v.03.09.15- 10 A 6190/13,RdL 16,67
[77]   OVG Magdeburg, B.v.29.03.16- 2 M 156/15,NVwZ-RR 17,183
[78]   OVG Lüneburg, B.v.29.06.17- 1 ME 70/17,NordÖR 17,469 =VBl 18,178 =BauR 17,1740
                 =RdL 17,310 =NVwZ-RR 18,180
         Schröder/Look, Bau-Polizeipflicht bei herrenlosen Grundstücken - ein Appell,VBl 18,166
[79]   OVG Koblenz, B.v.21.07.15- 8 A 10516/15,NVwZ-RR 15,846 =BauR 15,1976
         Struzina/Lindner, Baurechtlicher Bestandsschutz im Verfall begriffener Anlagen,
                 NVwZ 16,289
[80]   OVG Lüneburg, U.v.25.04.18- 1 LB 69/17,RPfl 18,260 =VBl 18,303 =BauR 18,1705

Im Rahmen eines Abbruchgebots wegen fehlender Standsicherheit eines Gebäudes können auch Maßnahmen angeordnet werden, um die Standsicherheit eines Nachbargebäudes durch den Abbruch nicht zu gefährden[81].

Intendierten Ermessen hat die Bauaufsichtsbehörde bei der Frage, ob sie mit einer öffentlich-rechtlichen Beseitigungsanordnung in einer Fallkonstellation einschreitet, in der eine Verletzung nachbarschützender Vorschriften durch eine Anlage vorliegt, der Dritte aber keinen zivilrechtlichen Anspruch auf Beseitigung des Überbaus hat[82].

3.3.4. Abweichende Bauausführung

Erlässt die Untere Bauaufsichtsbehörde eine Beseitigungsanordnung nach § 82 Abs. 1 LBO LS 2015, hier konkret wegen eines gegen den § 5 Abs. 2 Satz 1 LBO SL 2015 verstoßenden Überbaus einer Tiefgarage im Umfang von etwa 50 qm auf ein angrenzendes Nachbargrundstück, und steht in der Begründung, die beabsichtigte Ausräumung dieses objektiven bauordnungsrechtlichen Rechtsverstoßes als tragender Grund für das Einschreiten heraus, so kommt es im Rahmen der Überprüfung der Rechtmäßigkeit der Anordnung nicht darauf an, ob der Eigentümer des Nachbargrundstücks mit Erfolg subjektive öffentlich-rechtliche Abwehrrechte gegen diesen Überbau geltend machen kann.
Der Kostenaufwand für die Durchführung einer Maßnahme zur Herstellung rechtmäßiger Zustände bzw. zur nachträglichen Wiederausräumung von Verstößen gegen baurechtliche Vorschriften infolge genehmigungsabweichender Ausführung eines Bauvorhabens begründet unter dem Gesichtspunkt der Verhältnismäßigkeit keine Ermessensbindungen auf Seiten der Bauaufsichtsbehörde.
Die speziell in Fällen abweichender Bauausführung üblichen Anordnungen zur Reduzierung des Bauwerks auf den genehmigten Zustand sind vor dem Hintergrund des Verbots eines Erlasses so genannter Baugebote regelmäßig so zu interpretieren, dass dem Betroffenen damit inhaltlich eine Beseitigung der Gesamtanlage aufgegeben, ihm allerdings gleichzeitig die Möglichkeit eingeräumt wird, genehmigungskonform ausgeführte Teile des geschaffenen Bestands bestehen zu lassen bzw. zur Herstellung des genehmigten Zustands zu verwenden[83].

Die für eine bauliche Anlage erteilte Baugenehmigung gestattet zum einen die Errichtung der betreffenden Anlage und enthält zum anderen die Feststellung, dass die Anlage der baurechtlichen sowie der öffentlich-rechtlichen Vorschriften nicht widerspricht. Die mit dieser Feststellung verbundene

---

[81] OVG Greifswald, B.v.11.08.15- 3 M 54/15,NordÖR 16,28 =BauR 16,86
[82] OVG Bl.-Bbg, B.v.26.06.17- 10 N 27.14,BauR 17,1739
[83] OVG Saarland, B.v.22.08.16- 2 A 176/16,BauR 16,2129

Legalisierungswirkung schließt es aus, die Errichtung der genehmigten Anlage als baurechtswidrigen Zustand zu werten.

Hält ein in den Bauvorlagen korrekt dargestellter Balkon den in § 5 Abs. 6 Satz 1 Nr. 2 LBO genannten Mindestabstand von 2 m zu der Nachbargrenze nicht ein, so ist der Abstandsflächenplan, in dem der Balkon nicht berücksichtigt wird, unrichtig. Ein die Wirksamkeit der für das Vorhaben erteilten Baugenehmigung in Frage stellender Widerspruch zwischen dem Abstandsflächenplan und den übrigen Bauvorlagen wird dadurch jedoch nicht begründet[84].

Solange es nur an de öffentlich-rechtlichen Sicherung der Zugänglichkeit fehlt, sie aber in tatsächlicher Hinsicht nicht konkret in Frage gestellt ist, ist eine Beseitigungsanordnung regelmäßig als übermäßig zu beurteilen. Dies gilt erst recht, wenn nicht ausgeschlossen werden kann, dass es noch gelingen wird, auch eine öffentlich-rechtlich gesicherte Zufahrt für die Zukunft zu erhalten[85].

Aus § 29 Abs. 9 (i.V.m. Abs. 11) BauO SA ergibt sich im Umkehrschluss, dass in äußeren Brandwänden und in Außenwänden, die nach § 29 Abs. 3 Satz 2 und 3 BauO SA anstelle von Brandwänden zulässig sind, feuerbeständige (Fest-)Verglasungen grundsätzlich unzulässig sind.

Die Bauaufsichtsbehörde muss sich nicht darauf verweisen lassen, von ihrer Befugnis zur Anordnung der Beseitigung des Fensters in der Grenzwand erst dann Gebrauch zu machen, wenn durch eine Bebauung auf dem Nachbargrundstück die Gefahr des Übergreifens eines Brandes von einem Gebäude auf das andere begründet wird.[86]

3.3.5. Werbung

Beeinträchtigt ein an einem Baugerüst angebrachtes Werbeplakat (Riesenposter) das Ortsbild, kann seine Beseitigung angeordnet werden, da es sich bei dem Riesenposter um eine bauliche Anlage handelt[87].

Die vom Bundesverfassungsgericht in Bezug auf die Zurückweisung von Wahlwerbung im Fernsehen und im Hörfunk entwickelte Rechtsprechung, wonach Rundfunkanstalten Wahlwerbung politischer Parteien im Fernsehen und im Rundfunk nur dann zurückweisen dürfen, wenn der Verstoß gegen die allgemeinen Strafgesetze evident ist und nicht leicht wiegt (vgl. BVerfG, Beschl.v.14.2.1978- 2 BvR 523/75,BVerfGE 47,198, juris,Rn. 102 ff.) ist auf eine ordnungsbehördliche Anordnung, ein bestimmtes Wahlplakat zu entfernen, nicht übertragbar[88].

---

[84] VGH Mannheim, U.v.22.09.15- 3 S 741/15, BauR 16,84
[85] OVG Münster, B.v.25.04.16- 7 A 184/14 ,NVwZ-RR 17,17
[86] OVG Magdeburg, B.v.10.12.15- 2 L 154/14, BauR 16,1217
[87] OVG Bl.-Bbg, B.v.20.02.18- 2 N 62.15,NJW-Sp 18,237
[88] OVG Lüneburg, B.v.24.05.19- 11 ME 189/19,NordÖR 19,405,441

Da der § 82 Abs. 1 LBO SL 2004/2005 der Untereren Bauaufsichtsbehörde beim Erlass einer Beseitigungsanordnung Ermessen einräumt, ist für die Überprüfung der Rechtmäßigkeit einer solchen Anordnung maßgeblich darauf abzustellen, ob die von der Behörde konkret als Grundlage der Entscheidung angeführten Rechtsverstöße vorliegen. Weil die Widerspruchsbehörde in diesen Fällen im Rechtsbehelfsverfahren in vollem Umfang in die Entscheidungskompetenz der Ausgangsbehörde eintritt und auch eine eigene Ermessensentscheidung zu treffen hat (§ 68 VwGO, § 8 AGVwGO, § 57 Abs. 1 LBO SL), ist dabei entscheidend auf die im Widerspruchsbescheid als Grund für das Einschreiten herausgestellten Rechtsverstöße abzustellen.

Die Beurteilung des Vorliegens einer umgebungsbezogenen Verunstaltung nach dem § 4 Satz 3 LB SL., wonach die Anlagen so mit ihrer Umgebung in Einklang zu bringen sind, dass sie "das vorhandene Straßen-, Orts- und Landschaftsbild nicht verunstalten", hängt ganz wesentlich von den konkreten örtlichen Gegebenheiten ab. Bauliche Anlagen oder - hier konkret - Werbeanlagen sind demnach umso sorgfältiger zu gestalten, je wertvoller bzw. empfindlicher die Umgebung sich darstellt. Daher geht es dabei im Grunde um die Frage eines "gestalterischen Einfügens" der konkret zu beurteilenden Anlage in die jeweilige Umgebung.

Da die Anschauungen, was ästhetisch tolerierbar ist und was nicht, je nach Betrachter ganz unterschiedlich sind, können derartige sich in allgemein "dehnbaren" Begrifflichkeiten erschöpfende bauordnungsrechtliche Tatbestände unter rechtsstaatlichen Gesichtspunkten allenfalls eine Befugnis der Behörden begründen, gegen "qualifizierte Verunstaltungen" im Sinne eines hässlichen, das ästhetische Empfinden des Betrachters - am fiktiven Maßstab eines "gebildeten Durchschnittsbetrachters"- nicht nur beeinträchtigenden, sondern "verletzenden" Zustands ordnungsbehördlich einschreiten.

Da es bei dem § 4 Satz 1 LBO SL, wonach auch bauliche Anlagen selbst nach Form, Maßstab, Verhältnis der Baumassen und Bauteile zueinander, Werkstoff und Farbe so gestaltet sein müssen, dass sie nicht "verunstaltet" wirken, nicht um Auswirkungen auf oder ein "Ausstrahlen" der Anlage in die Umgebung und damit gegebenenfalls auch eine Beeinträchtigung von Rechten anderer bzw. des öffentlichen Interesses an der Erhaltung eines konkreten Ortsbildes und dergleichen geht, sondern allein um ein bestimmtes Bauwerk eines konkreten Eigentümers oder einer Eigentümerin und um dessen "ästhetische Wirkung" auf "Betrachter", ist in dem Zusammenhang in ganz besonderem Maße Zurückhaltung bei der Feststellung von Verstößen geboten.

Deswegen kann es hierbei allenfalls um eine "Pflege eines Mindestmaßes an Baukultur" gehen und die Vorschrift bietet keine generelle Handhabe zur Bekämpfung aus Sicht der Behörde "geschmackloser" Architektur (hier verneint für eine sog. Videowall an der Giebelseite eines älteren, ansonsten bereits mit einer Vielzahl anderer Werbeanlagen versehenen Hauses).

Bei dem in § 12 Abs. 2 Satz 2 LO SL 2004/2005, wonach eine störende Häufung von Werbeanlagen "unzulässig" ist, handelt es sich um einen besonderen gesetzlich normierten, in gleichem Maße den genannten rechtsstaatlichen Bedenken hinsichtlich seiner ausreichenden Bestimmtheit unterliegenden Unterfall der (umgebungsbezogenen) Verunstaltungsabwehr, der unter den beiden tatbestandlich benannten Anforderungen einer "Häufung" und deren "störenden" Charakter bei der Anwendung konkretisiert werden muss. Nach einer gefestigten Rechtsprechung kann eine "störende Häufung" jenseits von "Geschmacksfragen" nur angenommen werden, wenn mehrere Werbeanlagen in so enge räumliche Beziehung zueinander gebracht werden, dass sie gleichzeitig in das Gesichtsfeld des Betrachters treten (Häufung) und wenn der mit einem Blick zu erfassende Bereich mit Werbeanlagen "derart überladen" ist, dass das Auge keinen Ruhepunkt findet und ein Bedürfnis nach werbungsfreiem Raum stark hervortritt, weil die Werbeanlagen allein wegen einer "unangebrachten Häufung" als "lästig" empfunden wird (störender Charakter).Das Verbot einer "Häufung" in dem § 12 Abs. 2 Satz 2 LBO SL 2004/2005 beinhaltet darüber hinaus stets eine zeitliche Komponente, da es die einzelne Werbeanlage nur aufgrund einer bestimmten Anzahl, letztlich also ein "Hinzutreten" verbietet. Unzulässig ist daher nach dem so genannten Grundsatz der Priorität mit Blick auf die danach maßgebliche Reihenfolge des Anbringens der einzelnen Werbeanlagen die (letzte) Anlage, durch deren Hinzukommen die Grenze des "Erträglichen" im zuvor genannten Sinne überschritten wird.

Auf der Ebene des Einschreitensermessens ist die Behörde in derartigen Fällen gehalten, bei Betroffenheit eines Eigentümers eines mit "gehäuften" Werbeanlagen versehenen Gebäudes diesen vor dem Einschreiten speziell dazu anzuhören, in welcher Reihenfolge die Anlagen für ihn "entbehrlich" sind, um der unzulässigen "Häufung" zu begegnen[89].

Eine auf der Grundlage des bis Dezember 2012 geltenden § 61 Abs. 2 Satz 1 Nr. 6 LBO 2004 im Rahmen der Verfahrensfreistellung vorgenommene Anzeige sowie eine gegebenenfalls daraufhin von der Gemeinde erteilte "Bestätigung" der Verfahrensfreistellung, verbunden mit der Erklärung, dass der Ausführung "baurechtlich nichts entgegen stehe", führt mit Blick auf die (auch) dem damaligen Verfahrensfreistellungsverfahren zu entnehmende Übertragung der Verantwortlichkeit für die Einhaltung des materiellen Baurechts auf den Bauherrn beziehungsweise der Bauherrin nicht zu Einschränkungen bei der materiell-rechtlichen Beurteilung der betroffenen Anlagen und sie steht insoweit auch einem Einschreiten der Bauaufsichtsbehörde grundsätzlich nicht entgegen (§ 60 Abs. 2 LBO 2004/2015).

Dass die Behörde nach dem § 114 Satz 2 VwGO ihre Ermessenserwägungen, hier für den Erlass einer bauaufsichtlichen Beseitigungsanordnung, im gerichtlichen Verfahren "ergänzen" kann, lässt es nicht zu, dass maßgebliche oder tragende Erwägungen der angefochtenen Entscheidung - in der

---

[89] OVG Saarland, U.v.12.05.16- 2 A 202/15,BauR 16,1525 =NVwZ-RR 16,897

maßgeblichen Gestalt des Widerspruchsbescheides - ausgewechselt werden, wenn damit wesentliche Teile des Streitstoffs geändert werden, was bei dem Nachschieben neuer "tragender Erwägungen" zur Begründung der Ermessensentscheidung regelmäßig anzunehmen ist.

Ob eine Verkehrsgefährdung im Sinne des § 17 Abs. 2 LBO 2004/2015, wonach die Sicherheit und Leichtigkeit des öffentlichen Verkehrs durch bauliche Anlagen bzw. diesen nach § 12 Abs. 2 Satz 1 LBO 2004 insoweit gleich gestellte Werbeanlagen nicht gefährdet werden dürfen, lässt sich nur anhand der Verhältnisse des jeweiligen Einzelfalls, das heißt zum einen nach der Ausgestaltung der konkreten Anlage und zum anderen anhand der verkehrlichen Situation in ihrer jeweiligen Umgebung beurteilen.

Da einerseits in innerstädtischen Bereichen Werbeanlagen aller Formate und Größen im Umfeld von öffentlichen Straßen heute zur "Normalität" gehörenden und andererseits erwartet werden kann, dass verantwortungsbewusste Verkehrsteilnehmer in aller Regel ihre Aufmerksamkeit dem Straßenverkehr und nicht neben der Straße auf Privatgrundstücken errichteten Werbeanlagen oder sonstigen "Attraktionen" widmen, bilden Werbeanlagen im Regelfall keine Quelle einer Ablenkung oder Beeinträchtigung für die erforderliche Konzentration auf das Verkehrsgeschehen.

Bei der Beurteilung der Gefährdung der Sicherheit des öffentlichen Verkehrs ist generell auf das Verhalten eines verantwortungsbewussten, die Bestimmungen der Straßenverkehrsordnung beachtenden Verkehrsteilnehmers abzustellen. Etwaige Gefahren, die sich aus dem Verhalten diesen Anforderungen nicht genügender Verkehrsteilnehmer ergeben, müssen hingegen außer Betracht bleiben.

Von dem durchschnittlichen Teilnehmer am motorisierten Straßenverkehr kann ohne weiteres erwartet werden, dass er sich von einem heute durchaus üblichen ständigen Motivwechsel - hier bei einer so genannten Videowall - in seinem Fahrverhalten und in seiner Konzentration nicht negativ beeinflussen lässt.

Bei dem Verbot der "störenden Häufung" von Werbeanlagen in dem § 12 Abs. 2 Satz 2 LBO 2004/2015 handelt es sich um einen besonders normierten und unter rechtsstaatlichen Gesichtspunkten mit Blick auf seine ausreichende Bestimmbarkeit der Konkretisierung hinsichtlich der beiden tatbestandlich benannten Anforderungen einer "Häufung" und deren "störenden" Charakter bedürftigen Unterfall der umgebungsbezogenen Verunstaltungsabwehr. Wegen der weiten allgemeinen Formulierung ist bei der Annahme ordnungsbehördlicher Eingriffsbefugnisse auf dieser Grundlage grundsätzlich Zurückhaltung geboten.[90]

3.3.6. Teile

Hat die Bauaufsichtsbehörde den baurechtswidrigen Zustand lange Zeit geduldet, können geringfügige bauliche Veränderungen, die sich leicht

---

[90] OVG Saarland, U.v.23.05.16- 2 A 5/16,BauR 17,2220

rückgängig machen lassen, nicht die Anordnung der Beseitigung der gesamten baulichen Anlage, sondern nur die Beseitigung der nachträglich vorgenommenen Veränderungen rechtfertigen[91]. Jedoch lässt sich eine geringfügige bauliche Veränderung schon dann nicht mehr leicht rückgängig machen, wenn sie mit dem Baukörper fest verschäumt verbunden ist[92]. Sind umfangreiche Um- und Erweiterungsmaßnahmen vorgenommen worden, ist die Anordnung nur eines Teilrückbaus rechtswidrig, weil nur der vollständige[93] Gebäudeabbruch rechtmäßige Zustände herstellen kann[94].

Die Ausführung einer Beseitigungsanordnung ist dem Grundstückseigentümer unmöglich, wenn sie zur Obdachlosigkeit der das Gebäude bewohnenden Person führt[95].

Bezieht sich die Beseitigungsanordnung auf eine leicht auf- und abbaubare bauliche Anlage, enthält sie zugleich das Verbot der Wiedererrichtung am im Wesentlichen selben Standort[96].

Eine bauliche Anlage unterfällt lediglich dann dem besonderen Schutz des Art. 8 GG, wenn ihr eine funktionale oder symbolische Bedeutung für das Versammlungsthema zukommt und diese Art Kundgebungsmittel damit einen erkennbaren inhaltlichen Bezug zur kollektiven Meinungskundgabe aufweist.
Das kann auch dann der Fall sein, wenn es sich bei der baulichen Anlage um ein "gemischtes" Element in dem Sinne handelt, dass es sowohl kommunikativen wie auch nichtkommunikativen Zwecken dient; ein solches "gemischtes" Element genießt versammlungsrechtlichen Schutz, wenn es nach seinem Gesamtgepräge als Teil einer Versammlung anzusehen ist.
Nach Maßgabe dieser Grundsätze kann die Bauaufsichtsbehörde im Rahmen des Anwendungsbereichs der Landesbauordnung Nordrhein Westfalen gegen die baulichen Anlagen eines Protestcamps vorgehen, das vorrangig als Basislager für die sich dort aufhaltenden Personen und als Ausgangspunkt für in der Umgebung des Camps stattfinden Protestaktionen - hier gegen den Braunkohletagebau und für den Erhalt eines Waldes - dient[97].

Die Beseitigung kann sofort vollziehbar angeordnet werden, wenn sie ohne wesentlichen Substanzverlust mit der Möglichkeit der anschließenden Wiederverwendung der Bauteile oder ohne hohe Kosten durchzuführen ist und der Bauherr die sofort vollziehbare Stilllegung und Versiegelung missachtet[98].

---

[91] BVerfG, B.v.02.09.04 – 1 BvR 1860/02, BauR 06,97
[92] BVerwG, B.v.24.07.06 – 4 B 53.06, BauR 06,1881
[93] inbegriffen die Beseitigung des Bauschutts, OVG Lüneburg, U.v.14.11.97 – 6 L 6340/95, NdsVBl 98,141
[94] OVG Münster, U.v.22.08.05 – 10 A 4694/03, BauR 06,90
[95] OVG Münster, B.v.10.10.96 – 11 B 2310/96, BauR 97,457
[96] VGH Mannheim, B.v.28.03.07 – 8 S 159/07, BauR 07,1220
[97] OVG Münster, U.v.07.12.16- 7 A 1668/15,BauR 17,533
[98] OVG Schleswig, B.v.09.09.13- 1 MB 24/13, NordÖR 13,544

Bietet der Bauherr ein Austauschmittel an, das die Bauaufsichtsbehörde akzeptiert, liegt darin eine Modifizierung der Anordnung. Kann es im Nachhinein nicht realisiert werden, bleibt es bei der ursprünglichen Anordnung[99].

3.4. Nutzungsuntersagung

Das der Bauaufsichtsbehörde in § 80 Abs. 2 Satz 1 LBauO M-V eingeräumte Ermessen stellt sich als intendiertes Ermessen dar. Bei einem trotz Genehmigungsbedürftigkeit ungenehmigt genutzten Bauwerk müssen daher erhebliche bzw. besondere Gründe vorgebracht werden, weshalb ausnahmsweise die Nutzung bis zur Entscheidung über die materielle Legalität weiter ausgeübt werden darf. Liegt ein vom Regelfall abweichender Sachverhalt nicht vor, versteht sich das Ergebnis der Abwägung allerdings von selbst; versteht sich aber das Ergebnis von selbst, so bedarf es insoweit nach § 39 A bs. 1 Satz 3 VwVfG M-V auch keiner das Selbstständliche darstellende Begründung. Grundsätzlich liegt nur dann, wenn der Behörde außergewöhnliche Umstände des Falles bekannt geworden oder erkennbar sind, die eine andere Entscheidung möglich erscheinen lassen, ein rechtsfehlerhafter Gebrauch des Ermessens vor, wenn diese Umstände von der Behörde nicht erwogen worden sind.

Das intendierte Ermessen stellt eine Sonderform des Verwaltungsermessens dar und kann in den typischen Fällen bzw. Regelfällen als der gebundenen Entscheidung angenähert betrachtet werden; das behördliche Ermessen wird durch die betreffende Norm nur eröffnet, um in Ausnahmefällen zu ermöglichen, von den an sich gebotenen Einschreiten abzusehen, wenn dies nach den konkreten Umständen opportun ist.
Positiv formuliert ist in den Regelfällen nur die nach § 80 Abs. 2 Satz 1 LBauO M-V intendierte Entscheidung dem Gesetz entsprechend und damit ermessensfehlerfrei; auf den Inhalt etwaiger Erwägungen der Behörde zur materiellen Baurechtskonformität kommt es jenseits der Prüfung der Frage, ob ein Ausnahmefall vorliegt, grundsätzlich nicht an[100].

3.4.1. Nutzungsunterbrechung

Das vom BVerwG unter Rückgriff auf Art. 14 GG zu § 35 V Nr. 2 BauGB aF (jetzt § 35 IV 1 Nr. 3 BauGB) entwickelte Zeitmodell kann als Ausgangspunkt der Beurteilung, ob eine mehrjährige Nutzungsunterbrechung zu einer Unwirksamkeit der Baugenehmigung nach § 1 S. 1 SÃ¤chsVwVfZG iVm § 43 II VwVfG führt, nicht herangezogen werden.

---

[99] OVG Greifswald, B.v.08.07.13- 3 M 98/13,BauR 13,2063 =NvwZ-RR 14,141
[100] OVG Greifswald, B.v.19.01.16- 3 L 161/11,NordÖR 16,267

Eine Baugenehmigung könnte nach § 1 S. 1 SächsVwVfZG iVm § 43 II VwVfG auf andere Weise ihre Erledigung gefunden haben, wenn der durch die Genehmigung begünstigte Eigentümer auf deren weitere Ausnutzung, sprich auf sein Recht zur genehmigten Nutzung der baulichen Anlage, endgültig verzichtet. Wird der Verzicht nicht ausdrücklich erklärt, hat die rechtsstaatlich gebundene Behörde eindeutig zu ermitteln, was der Betroffene erklären wollte und im Fall unergiebiger Ermittlung die für den Betroffenen günstigte Auslegung zu wählen. Es ist demnach im Einzelfall zu prüfen, ob dem nach außen in Erscheinung tretenden Verhalten des Eigentümers aus Sicht eines objektiven Durchschnittsbetrachters nach den gegebenen Umständen ein entsprechender Erklärungswert zukommt. (Ls.d.Rd.).[101]

Das vom Bundesverwaltungsgericht zu § 35 Abs. 4 Satz 1 Nr. 3 BauGB entwickelte Zeitmodell (vgl. BVerwG, Urt.v.18.05.1995- 4 A 20.94,BVerwGE 98,235 =BRS 57 Nr. 67 =BauR 1995,807) ist auf den Fall der Nutzungsunterbrechung nicht anzuwenden.

Eine genehmigte Nutzung genießt nach hessischer Rechtslage trotz zwischenzeitlicher Nutzungsunterbrechnung Bestandsschutz, solange die Baugenehmigung nach § 43 Abs. 2 HVwVfG wirksam bleibt[102].

Das vom BVerwG zu Å§ 35 IV 1 Nr. 3 BauGB entwickelte Zeitmodell (vgl. BVerwGE 98,235 =NVwZ 1996,179 =NJW 1996,1769 Ls.) ist auf den Fall der Nutzungsunterbrechung nicht anzuwenden.

Eine genehmigte Nutzung genießt nach hessischer Rechtslage trotz zwischenzeitlicher Nutzungsunterbrechung oder Veränderung der Nutzungsintensität Bestandsschutz, solange die Baugenehmigung nach § 43 II HessVwVfG wirksam bleibt[103].

3.4.2.   Miete

Eine Nutzungsuntersagung für vermietete Räume ist unter dem Gesichtspunkt der effektiven Gefahrenabwehr jedenfalls dann regelmäßig an den unmittelbaren Nutzer, d.h. den Mieter bzw. Pächter zu richten, wenn nicht nur eine künftige Vermietung, sondern auch die gegenwärtige Nutzung unterbunden werden soll. Eine Inanspruchnahme des Eigentümers gemäß § 56 Satz 1 NBauO ist aber dann möglich, wenn die unmittelbaren Nutzer der Räume ständig wechseln bzw. die einzelnen Nutzer der Bauaufsichtsbehörde unbekannt bleiben - im Anschluss an Senat, Beschl.v.24.06.2013- 1 ME 52/13-; Beschl.v.28.08.2014- 1 ME 91/14-[104]

Es erscheint fragwürdig, eine Nutzungsuntersagung maßgeblich mit dem Fehlen einer notwendigen Baugenehmigung (formelle Illegalität) zu begründen, wenn

---

[101] OVG Bautzen, B.v.28.10.19- 1 B 7/19,NVwZ-RR 20,469
[102] VGH Kassel, B.v.12.04.16- 4 A 1438/15,BauR 16,1294,1968
[103] VGH Kassel, B.v.25.04.16- 5 A 2904/15 Z,NVwZ-RR 17,177
[104] OVG Lüneburg, B.v.11.09.15- 1 ME 118/15,VBl 16,57 =RPfl 15,382 =NordÄ-R 15,572
         =NVwZ-RR 16,18 =BauR 16,86

die Behörde es gleichzeitig unterlässt, über den einige Zeit zuvor gestellten Genehmigungsantrag zu entscheiden.

Es bestehen erhebliche Bedenken, ob eine "gewerbliche Zimmervermietung", die nach den konkreten Umständen als bordellähnlicher Betrieb zu qualifizieren ist, dem Begriff der Vergnügungsstätte gemäß § 7 Abs. 2 Nr. 2 BauNVO unterfällt.

Einzelfall, in dem einiges dafür spricht, dass es sich bei dem bordellähnlichen Betrieb in seiner konkreten Ausgestaltung um einen sonstigen, nicht wesentlich störenden Gewerbebetrieb im Sinne von § 7 Abs. 2 Nr. 3 BauNVO handelt[105].

3.4.3.   Gewerbe

Außer durch die Beseitigung eines Gebäudes, die grundsätzlich das Erlöschen des Bestandsschutzes zur Folge hat, erlischt dieser auch aufgrund einer Nutzungsänderung i.S.v. § 29 Abs. 1 BauGB. Wird ein im Außenbereich gelegener Lagerplatz nach Aufgabe des Nutzungszwecks (Bergwerkbetrieb) für andere Zwecke weiter genutzt, bedarf es einer neuen Baugenehmigung, ohne die die neue Nutzung untersagt werden kann.[106]

Zu den Anforderungen nach § 80 Abs. 2,3 VwGO bei einer Nutzungsuntersagungsverfügung hinsichtlich einer formell illegalen baulichen Anlage.
Eine gewerblich gastronomisch genutzte Terrasse ist nicht verfahrensfrei[107].

Legalisierungsbemühungen durch Aufstellung eines Bebauungsplans stellen die Verhältnismäßigkeit einer auf die materielle Baurechtswidrigkeit gestützten bauaufsichtlichen Verfügung frühestens im Zeitpunkt der formellen und materiellen Planreife (§ 33 Abs. 1 Nrn. 1 und 2 BauGB) in Frage.
Ein offener Lagerplatz für Dachdeckereibedarf für einen Betrieb mit 12 Mitarbeitern ist in der Regel nicht wohngebietsverträglich[108].

Gemeinschaftsschlafräume schließen die Annahme von Wohnen regelmäßig aus, wenn zwischen den Nutzern keine persönlichen Bindungen bestehen (Fortführung von OVG Lüneburg,NVwZ-RR 2016,25).Solche Bindungen zu substanziieren obliegt dem Kläger,
Eine Nutzungsuntersagung kann auch dann allein auf eine formelle Baurechtswidrigkeit gestützt werden, wenn der Betroffene eine Legalisierung vor Einleitung des Nutzungsuntersagungsverfahrens beantragt hat.
Verzögerungen des Genehmigungsverfahrens rechtfertigen keine "Selbsthilfe".
Ist der Eigentümer einer baurechtswidrig genutzten Unterkunft zugleich Arbeitgeber der dort untergebrachten ausländischen Arbeitskräfte, so ist es

---

[105] OVG Saarland, B.v.10.11.15- 2 B 169/15,BauR 16,306
[106] VGH Kassel, B.v.15.05.18- 3 A 395/15,BauR 18,1384
[107] OVG Greifswald, B.v.06.01.16- 3 M 340/15,NordÖR 16,161
[108] OVG Lüneburg, B.v.11.10.19- 1 LA 74/18,NordÖR 19,611 =NVwZ-RR 20,305

regelmäßig nicht ermessensfehlerhaft, eine Nutzungsuntersagung an ihn statt an die unmittelbaren Nutzer zu richten; dies gilt jedenfalls dann, wenn der Eigentümer im Anhörungs- und Widerspruchsverfahren keine Schwierigkeiten bei der Umsetzung der Verfügung geltend macht[109].

Im Rahmen der Legalisierungswirkung einer Baugenehmigung kommt es nicht auf die Bezeichnung eines zu Wohnzwecken genehmigten Gebäudes als "Boardinghause", sondern auf die konkrete Nutzung an.
Ein als Wohnhaus genehmigtes Gebäude darf nicht als Monteursunterkunft genutzt werden[110].

Von dem von einem Gewerbetreibenden in einer "Arena" angebotenen Spiel "LaserTag" geht eine Gefahr für das geistige und seelische Wohl von Kindern und Jugendlichen – jedenfalls - unter 16 Jahren aus. (Ls.d.Rd.) (hier bejaht: Verbot Zutritt Jugendliche)[111],

Die Untersagung des Betriebs einer Windenergieanlage auf der Grundlage des § 16 Abs. 3 Satz 1 SeeAnlV wegen einer Gefahr für die Meeresumwelt kann eine Überwachungs- und Aufsichtsmaßnahme nach § 1 Abs. 1 Satz 1 Nr. 6 UmwRG sein, sofern die dort genannten weiteren Voraussetzungen vorliegen.
§ 16 Abs. 3 Satz 1 SeeAnlV ermächtigt nicht zur Untersagung des Betriebs eines genehmigten Windparks wegen einer Gefahr für die Meeresumwelt, wenn der Betrieb durch die Genehmigung gerade im Hinblick auf diese Gefahr legalisiert worden ist; erweist sich die Genehmigung insoweit als von Anfang an rechtswidrig oder aufgrund nachträglich eingetretener Umstände fehlerhaft, so muss sie ggf. zunächst nach §§ 48, 49 VwVfG aufgehoben werden. Dies gilt auch unter Berücksichtigung der Schutzpflicht der Mitgliedstaaten aus Art. 6 Abs. 2 FFH-RL, wonach u.a. ein Vorhaben nur dann fortgesetzt werden darf, wenn die Wahrscheinlichkeit oder Gefahr der Verschlechterung der Lebensräume oder der Störung geschützter Arten ausgeschlossen is[112]t.

Die bauaufsichtliche Nutzungsuntersagung eines Wettbüros/einer Wettannahmestelle aufgrund des Nichtvorliegens einer förmlichen glücksspielrechtlichen Vermittlungserlaubnis setzt die Prüfung voraus, ob die formell illegale Tätigkeit materiell erlaubnisfähig ist; fehlt es an dieser Prüfung, ist die Nutzungsuntersagung unverhältnismäßig.
Es verletzt den Gleichheitssatz, wenn eine ausschließlich der Wahrung des glücksspielrechtlichen Erlaubnisvorbehalts in § 10 a V 2 iVm § 4 I GlüStV dienende und zugleich allein auf die formelle Illegalität der Wettvermittlung abstellende bauaufsichtliche Nutzungsuntersagungsverfügung ohne sachlichen Grund aufrecht erhalten bleibt, während in gleichgelagerten

[109] OVG Lüneburg, B.v.16.08.19- 1 LA 28/19,NVwZ-RR 20,250
[110] VGH Mannheim, B.v.03.08.17- 8 S 1641/16,NJW-Sp 17,654
[111] BayVGH, B.v.21.07.16- 12 ZB 16.1206,NJW 16,3545
[112] OVG Hamburg, U.v.08.04.19- 1 Bf 200/15,NordÖR 19,407

glücksspielrechtlichen Fällen nicht allein wegen formell fehlender glücksspielrechtlicher Vermittlungserlaubnis gegen die unerlaubte Veranstaltung und Vermittlung von Sportwetten vorgegangen wurde bzw. wird[113].

Stellt die Baufsichtsbehörde respektive die insoweit mit Blick auf § 79 I Nr. 1 VwGO maßgebliche Widerspruchsbehörde über den Verweis auf die so genannten "formelle Illegalität" einer Nutzung kennzeichnende Nichtvorliegen einer erforderlichen Genehmigung hinaus bei Erlass einer Nutzungsuntersagung iSd § 82 II SaarlBauO 2015 tragend auf materielle baurechtliche Gesichtspunkte, also eine fehlende (nachträgliche) Genehmigungsfähigkeit der Nutzung, ab, so erweitert das die anschließende gerichtliche Überprüfung der Rechtmäßigkeit ihrer Anordnung auf die Frage des Vorliegens dieser von der Behörde angenommenen inhaltlichen Rechtsverstöße durch die Nutzung.

Der § 14 I BauNVO ermöglicht eine Kleintierhaltung als Annex zum Wohnen, dem auch das allgemeine Wohngebiet vom Gebietscharakter her vorwiegend dient (§ 4 I BauNVO), nur dann, wenn sie in dem betreffenden Baugebiet üblich und ungefährlich ist und den Rahmen der für eine Wohnnutzung typischen Freizeitbetätigung nach Art und Anzahl der Tiere nicht sprengt.

Eine dieses Ausmaß überschreitende Tierhaltung in ausgewiesenen oder faktisch reinen oder allgemeinen Wohngebieten ist unzulässig und löst auch nachbarliche Ansprüche auf Gebietserhaltung unabhängig von Fragen der Zumutbarkeit oder der Einhaltung des Gebots de Rücksichtnahme aus.

Nach allgemeinen polizeirechtlichen Grundsätzen ist davon auszugehen, dass objektive, durch tatsächliche Feststellungen belegte Anhaltspunkte für eine das Maß des Zulässigen insoweit überschreitende Tierhaltung der Bauaufsichtsbehörde ausreichend Anlass bieten dagegen einzuschreiten.

Dem Einwand des Pflichtigen, die Tiere- im konkreten Fall bis zu 10 Hunde eines "Huskyrudels"- hielten sich auf seinem Grundstück lediglich "zu Besuch" auf, kommt demgegenüber keine Bedeutung zu[114].

Der Betreiber einer öffentlichen Einrichtung ist für durch nicht bestimmungsgemäße Nutzungen verursachten Immissionen nur verantwortlich, wenn sich in dem bestimmungswidrigen Verhalten eine mit der Einrichtung verbundene besondere Gefahrenlage realisiert und damit der Fehlgebrauch bei einer wertenden Betrachtungsweise als zurechenbaren Folge der Schaffung bzw. des Betriebs der Einrichtung anzusehen ist[115].

3.4.4. Lagerplatz

Die Beseitigung eines als bauliche Anlage geltenden Abstell- und Lagerplatzes i.S.d. § 2 Abs. 1 Satz 3 Nr. 2 LBO ist nur mit einer Abbruchanordnung nach § 65

---

[113] BayVGH, U.v.14.11.17- 9 B 17.271,NVwZ-RR 18,431
[114] OVG Saarlouis, B.v.18.04.19- 2 A 2/18,NVwZ-RR 19,857
[115] VGH Mannheim, B.v.19.04.17- 10 S 2264/16,NVwZ-RR 17,653

Satz 1 LBO, nicht aber mit einer Nutzungsuntersagung für das Grundstück auf der Grundlage von § 65 Satz 2 LBO zu erreichen[116]

Die Nutzung einer mit Schotter befestigten Fläche als Stellplatz und die Schotterbefestigung sind baurechtlich nicht mit der Folge zu trennen, dass im Rahmen bauaufsichtlichen Einschreitens lediglich eine Nutzungsuntersagung, nicht aber eine Beseitigungsanordnung in Betracht käme[117].

§ 20 II 1 BImSchG betrifft nicht nur Fälle, in denen eine genehmigungsbedürftige Anlage ganz oder teilweise ohne die erforderliche Genehmigung errichtet, betrieben oder geändert wird, etwa weil die Genehmigung erloschen ist; erfasst wird auch diejenigen Fälle, in denen der Anlagenbetreiber Inhaltsbestimmungen einer immissionsschutzrechtlichen Genehmigung nicht beachtet.
Bei der immissionsschutzrechtliche Genehmigung sind alle Regelungselemente, die das zugelassene Handeln des Betreibers räumlich und sachlich bestimmen und damit ihren Gegenstand und Umfang festlegen, zu den Inhaltsbestimmungen zu rechnen; als weitere Kriterien für die Abgrenzung sind ergänzend auch das Gewicht und die Bedeutung der Genehmigungsvoraussetzung maßgeblich, deren Sicherstellung die Einzelbestimmung dienen soll (vgl. OVG Münster, NVwZ-RR 2000,671 mwN). Regelungen von substanziellem Gewicht sind regelmäßig als Inhaltsbestimmungen einzuordnen.Die Behörde muss bei Vorliegen der tatbestandlichen Voraussetzungen des § 20 II 1 BImSchG in der Regel gegen einen ungenehmigten Betrieb einer Anlage einschreiten und darf nur bei Vorliegen besonderer Gründe, also eines atypischen Falls, davon absehen (vgl. BVerwGE 84,220 =NVwZ 1990,963; Beschl.v.4.11.1992- 7 B 160/92,BeckRS 1992,31284496; OVG Lüneburg, NVwZ-RR 2014,300).

Ein atypischer Fall iSv § 20 II 1 BImSchG liegt vor, wenn die Behörde begründeten Anlass für die Annahme hat, die Anlage entspreche so, wie sie betrieben wird, den immissionsschutzrechtlichen Anforderungen. Für die Annahme eines atypischen Falls genügt es hingegen nicht, wenn lediglich die Möglichkeit besteht, dass die Anlage in "optimierter" Gestalt genehmigt werden kann.
Die Behörde setzt allein durch jahrelange Duldung grundsätzlich keinen, einen atypischen Fall begründenden Vertrauenstatbestand dahingehend, dass sie von einer Stilllegung einer formell illegal betriebenen Anlage Abstand nehmen werde.
Das Vorbringen des Betreibers, er habe auf die Legalität des Vorhabens vertraut, kann unter Verhältnismäßigkeitsgesichtspnnkten nur dann beachtlich sein, wenn

---

[116]   VGH Mannheim, U.v.11.07.17- 5 S 2067/15,BauR 17,2148
[117]   OVG Lüneburg, B.v.09.12.19- 1 ME 140/19,NordÖR 20,259

der Betreiber durch Behördenauskünfte in diesem Vertrauen bestärkt worden ist und ihn insoweit ein Verschuldensvorwurf nicht trifft.

Der Anlagenbetreiber kann nicht einwenden, die Stilllegung der Anlage belaste ihn unverhältnismäßig, der illegale Betrieb sei deshalb auf unabsehbare Zeit zu dulden; es ist Sache des Betreibers, für die Legalisierung seiner Anlage zu sorgen.

Die dem Adressaten eines Verwaltungsakts zur Erfüllung einer Handlungspflicht gewährte Frist ist angemessen, wenn sie das behördliche Interesse an der Schnelligkeit der Ausführung berücksichtigt und zugleich dem Betroffenen die nach der Lebenserfahrung erforderliche Zeit gibt, seiner Pflicht nachzukommen. Für die Angemessenheit einer Frist zur Steillegung einer formell illegalen Anlage kommt es nicht darauf an, ob der Betreiber innerhalb dieser Frist auch in der Lage ist, einen genehmigungsfähigen Antrag zu stellen.

Ein besonderes öffentliches Interesse am Sofortvollzug einer Stilllegungsverfügung besteht, auch wenn die Anlage bereits über einen langen Zeitraum mit Kenntnis der Behörde illegal betrieben wurde, wenn hinreichende Anhaltspunkt dafür vorliegen, dass von der Anlage über einen nicht unerheblichen Zeitraum schädliche Umwelteinwirkungen iSv §§ 3 I, 5 I Nrn. 1 und 2 BImSchG ausgegangen sind und eine Wiederholung nicht ausgeschlossen werden kann[118].

Die Anordnung der Entfernung bestimmter Einrichtungsgegenstände als so genannte gegenstandsbezogene Nutzungsuntersagung ist - auch im Verhältnis zur Grundverfügung in Form einer verhaltensbezogenen Nutzungsuntersagung- ein Verwaltungsakt mit eigenständiger (vollstreckbarer) Regelung (hier nicht zulässig: Anordnung Entfernung Terminal Wettbüro bei Untersagung Nutzung Wettbüro).

Maßgeblicher Zeitpunkt für die Beurteilung der Sach- und Rechtslage ist auch bei einer gegenstandsbezogenen Nutzungsuntersagung der Zeitpunkt der gerichtlichen Entscheidung bzw. der (letzten) mündlichen Verhandlung[119].

Ein Sportverein durfte eine Sporthalle, die als Notunterkunft für Flüchtlinge sichergestellt war, nicht für Vereinssport nutzen[120].

Durch die bundesrechtlichen Vorschriften im Sprengstoffgesetz und in der 1.Sprengstoffverordnung ist der Umgang von Feuerwerk hinsichtlich der damit einhergehenden Explosionsgefahren sowie der damit verbundenen Lärmimmissionen als feuerwerkspezifischen Gefahren abschließend und mit Sperrwirkung für den Landesgesetzgeber geregelt (hier: Gemeinde kein Verbot Feuerwerk)[121].

---

[118]   OVG Magdeburg, B.v.25.06.19- 2 M 42/19,NVwZ-RR 19,993
[119]   BayVGH, B.v.23.07.18- 15 ZB 17.1092,NVwZ-RR 18,837
                              - 15 ZB 17.1094,NVwZ-RR 19,173
[120]   OVG Bl.-Bbg, B.v.26.04.18- 6 N 46/17,NVwZ 18/10IX
[121]   VGH Kassel, U.v.13.05.16- 8 C 1136/15.N,NVwZ-RR 16,874

3.4.5.   Überbauung

Bei einer einerseits "freitragenden" Balkonkonstruktion mit vor die Gebäudeaußenwand vorkragenden Betonplatten und andererseits aus zwingenden statischen Gründen durch Stützen getragenen Konstruktion handelt es sich um grundsätzlich andere Anlagen. Eine tatsächlich ausgeführten Anlage der zuletzt genannten Konstruktionsart wird daher nicht von der für eine "freischwebende" Balkonanlage erteilten Baugenehmigung erfasst und lässt sich auch inhaltlich nicht in genehmigte und in nicht genehmigte Bauteile "aufspalten". Für die Beantwortung dieser Frage kommt es nicht darauf an, ob die beiden Konstruktionsformen für Balkone materiell-rechtlich im Bauordnungsrecht hinsichtlich der abstandsflächenrechtlichen Privilegierung von so genannten "untergeordneten Vorbauten" gleich behandelt werden oder nicht.

Der für das Normenkontrollverfahren anerkannte Grundsatz, dass die OVG auch mit Blick auf die für das Verwaltungsstreitverfahren geltende Amtsermittlungspflicht (§ 86 I VwGO) nicht gehalten sind, "gleichsam ungefragt" in die Suche nach Fehlern eines Bebauungsplans einzutreten, gilt grundsätzlich auch für die sogenannte Inzidentkontrolle im Rahmen eines Verwaltungsgerichtlichen Klageverfahrens, und zwar unabhängig davon, ob sich die Beteiligten, was ihnen gem. § 67 I VwGO im erstinstanzlichen Verfahren vor dem VG freisteht, fachkundiger rechtsanwaltlicher Hilfe zu bedienen oder nicht.

Ob im Anwendungsbereich des § 23 III 3, II 3 BauNVO 1990 bei der Festsetzung von außerhalb der überbaubaren Grundstücksfläche ausnahmsweise zulässigen Anlagen in der Formulierung mit Blick auf den Normadressaten eine "eindeutige" Klarstellung des sich auch in dem Fall aus § 31 I BauGB ergebenden Erfordernisses einer Ermessensentscheidung zum Ausdruck gebracht werden muss (so VGH München, BayVBl1993,656), ist zumindest zweifelhaft, bleibt aber hier offen.

Zur Ausräumung eines in der unzulässigen Nichteinhaltung der im Bebauungsplan durch Baugrenzen festgesetzten überbaubaren Grundstücksflächen mit Teilen eines Gebäudes (hier: Balkons) liegenden Rechtsverstoßes ist die - auch dauerhafte - bauaufsichtsbehördliche Nutzungsuntersagung für die vor der Baugrenze liegenden Teile der Anlagen nicht geeignet.

Gegen die Kombination einer insoweit zielführenden Beseitigungsanordnung mit einer Nutzungsuntersagung bestehen- auch unter Verhältnismäßigkeitsaspekten der "doppelten" Inanspruchnahme des Pflichtigen- nur dann keine Bedenken, wenn die Nutzungsuntersagung im konkreten Fall gewissermaßen als Zwischenregelung die Nutzung der rechtswidrigen Anlage bis zu der gleichfalls angeordneten Beseitigung unterbinden soll (im Anschluss an OVG Saarlouis, SKZ 1999,120, Leitsatz Nr. 51, st.Rspr)[122].

---

[122]   OVG Saarlouis, B.v.20.11.17- 2 A 614/16,NVwZ-RR 18,261

Bestandsschutz nach § 35 IV 1 Nr. 5 BauGB kann auch solchen Vorhaben nicht von vornherein versagt werden, deren ursprüngliche Errichtung nicht an bundesrechtlichen Zulässigkeitsvoraussetzungen zu messen war. Die gegenteilige Auffassung (BVerwG, NVwZ 1999,297) gibt der Senat auf.[123]

Wird die Variationsbreite der genehmigten Nutzung nicht überschritten, bedingt allein der Umstand, dass durch die Standortaufgabe ein größerer Wohnungsbestand "auf einen Schlag" dem Wohnungsmarkt zur Verfügung steht, keine bodenrechtlichen Belange, die trotzdem die Annahme einer (genehmigungsbedürftigen) Nutzungsänderung begründen könnten. Ob dies für die Nutzungsart "Wohnen" überhaupt in Betracht kommt, bleibt offen[124].

Eine Verfügung, die dem Adressaten aufgibt, die "Nutzung" von Räumen "einzustellen und so lange nicht wieder aufzunehmen", wie eine dafür erforderliche Baugenehmigung nicht vorliegt, enthält eine Unterlassungspflicht und (damit) das Gebot, die beanstandete Nutzung (einmalig) einzustellen sowie im Sinne eines Dauerverwaltungsakts - das Verbot, eine ungenehmigte Nutzung wieder aufzunehmen[125].

3.4.6.   Wohnnutzung

Erfordert die Wohnnutzung eine Baumaßnahme (z.B. Bau einer Lärmschutzwand), kann die Vermietung an Dritte zu Wohnzwecken nicht wegen fehlender Fertigstellung des Bauvorhabens verboten werden, wenn die Lärmschutzwand nicht Inhalt der erteilten Baugenehmigung ist (sondern eine Baugenehmigung (noch) erfordert)[126].

Eine Nutzungsuntersagung kann trotz formeller Illegalität unverhältnismäßig bzw.. nicht ohne weiteres sofort vollziehbar sein, wenn sie gegenüber einem eingerichteten und ausgeübten Gewerbebetrieb ausgesprochen wird und mit Blick auf das damit verbundene Insolvenzrisiko in ihren Auswirkungen nahezu einer Beseitigungsanordnung gleichkommen würde[127].

Wird dem Bewohner eines genehmigten Wochenendhauses die Nutzung zu dauerhaften Wohnzwecken untersagt, ist dieses Gebot hinreichend bestimmt, auch wenn die Nutzung als Wochenendhaus weiterhin zulässig ist. Denn die Bewohner können mit der Anmeldung eines anderen Hauptwohnsitzes nachweisen, dass sie das Wochenendhaus nicht zu dauerhaften Wohnzwecken nutzen[128].

[123] BVerwG, U.v.03.08.16- 4 C 3/15,NJW 16/37,10 =NVwZ 16,1477 m.Anm.Schröer
       =BauR 16,1969;17,85 =JurisAnwBl 17,116 =BVerwGE 155,390
[124] OVG Münster, U.v.07.05.19- 2 A 2995/17,NVwZ-RR 20,94
[125] OVG Schleswig, B.v.17.11.15- 1 MB 25/15,NordÖR 16,433
[126] OVG Münster, B.v.03.05.01 – 10 B 311/01, BauR 01,1575
[127] OVG Münster, B.v.04.07.14- 2 B 508/14,BauR 13,1927
[128] OVG Münster, U..v.23.10.06 – 7 A 4947/05, BauR 07,1010 ff. (1013)

Ein zweiter Rettungsweg muss im Brandfall funktionsfähig bleiben. Das ist nicht der Fall, wenn der Rettungsweg unmittelbar an Maueröffnungen (Fenstern) entlang führt, aus denen im Brandfall Feuer und Rauch treten kann[129]. (Ls.d.Rd.) In einem solchen Fall kann nicht ein Gerüst für den 2, Rettungsweg angeordnet, sondern die Wohnnutzung verboten werden.

3.4.7. Beherbergung

Die Vermietung eines Zimmers mit Gemeinschaftsraum ist keine ungenehmigte Pension und kann daher nicht untersagt werden.

"Wohnen" ist die Gesamtheit der mit der Führung des häuslichen Lebens und des Haushalts verbundenen Tätigkeiten. Auf die subjektiven Vorstellungen und Bedürfnisse der Nutzer kommt es hierbei nicht an. Zum Begriff des Wohnens gehört, dass wenigstens ein Raum dem oder der Wohnungsinhaber(n) während des gesamten Tages zur privaten Verfügung steht und die Möglichkeit bietet, sich von der Außenwelt in einen Privatbereich zurückzuziehen.

Eine Vermietung zum Zwecke der Fremdenbeherbergung liegt vor, wenn Räume ständig wechselnden Gästen zum vorübergehenden Aufenthalt zur Verfügung gestellt werden, ohne dass diese dort ihren häuslichen Wirkungskreis unabhängig gestalten können[130]. (Ls. 2 u. 3 v.d.Rd.)

Eine ambulant betreute Wohngemeinschaft für pflege- und betreuungsbedürftige Menschen ist von einer selbstorganisierten Wohngemeinschaft abzugrenzen. Eine Vorschrift über die Anzeigepflicht genügt als Rechtsgrundlage für die Feststellung des Vorliegens einer solchen anzeigepflichtigen Einrichtung. Der Betrieb einer Einrichtung kann untersagt werden, wenn die Qualitätsanforderungen des § 3 Einrichtungenqualitätsgesetz MV nicht erfüllt werden[131].

Im Rahmen des Art. 2 Abs. 4 Nr. 20 BayBO spricht nichts dagegen, den Begriff des Wohnens wie im Baugesetzbuch und in der Baunutzungsverordnung als gekennzeichnet durch eine auf Dauer angelegte Häuslichkeit, Eigengestaltung der Haushaltsführung und des häuslichen Wirkungskreises sowie Freiwilligkeit des Aufenthalts zu sehen (hier: keine Anordnung einer Außentreppe zur Altenwohnung, weil kein Altenwohnheim vorliegt)[132].

Im Rahmen der Prognoseentscheidung, ob in der betroffenen Einrichtung die Qualitätsanforderungen des Art. 3 BayPlWoqG künftig eingehalten werden, dürfen grundsätzlich auch in der Vergangenheit liegende nachhaltige und

---

[129] OVG Münster, B.v.12.09.18- 7 B 1104/18,BauR 18,2005
[130] OVG Bl.-Bbg, B.v.26.04.19- 5 S 24/18,NJW 19,1896
[131] OVG Greifswald, B.v.18.07.16- 1 M 235/16,NordÖR 17,189
[132] BayVGH, U.v.05.02.15- 2 BV 14.1202,BauR 15,1134 =NVwZ-RR 15,526

schwerwiegende Verstöße gegen heimrechtliche Vorschriften, insbesondere wenn sie sich über einen längeren Zeitraum erstrecken, berücksichtigt werden. Die bei der Einhaltung der Qualitätsstandards festgestellten Mängel müssen mit hinreichender Wahrscheinlichkeit den Schluss auf eine künftige Gefährdung der Rechtsgüter Leben und körperliche Unversehrtheit der Heimbewohner zulassen. Insoweit ist zwischen solchen Mängeln zu unterscheiden, die auf ein Systemversagen des Einrichtungsträgers hindeuten und deshalb grundsätzlich geeignet sind, die tatsachengestützte Prognose einer nur durch eine Schließung der Einrichtung abwendbaren Gefahrenlage zu tragen, und anderen, die ersichtlich auf einem lediglich punktuellen, individuellen Fehlverhalten von Pflegekräften beruhen, die eine Betriebsuntersagung regelmäßig nicht zu rechtfertigen vermögen.

Betriebsuntersagungen unterliegen dem verfassungsrechtlich fundierten Grundsatz der Verhältnismäßigkeit (Art. 20 III GG). Dementsprechend können sie stets nur das letzte Mittel ("ultima ratio") sein.

Verletzt ist der Grundsatz der Verhältnismäßigkeit namentlich dann, wenn das mit der Betriebsuntersagung verfolgte Ziel auch durch ein anderes, gleich wirksames Mittel erreicht werden kann, das weniger belastend ist, insbesondere die Grundrechte der Bewohnerinnen und Bewohner und ihrer Angehörigen (Art. 1 I, 2 II 1 und 2 I GG) nicht oder doch deutlich weniger fühlbar einschränkt. Als solche Maßnahmen kommen - bereits nach der Systematik des Gesetzes zur Pflege- und Wohnqualität - Anordnungen nach Art. 13 II BayPflWoqG, wie beispielsweise ein Aufnahmestopp, Beschäftigungsverbote nach Art. 14 I BayPfleWoqG, die Einsetzung einer externen kommissarischen Leitung nach Art. 14 II PfleWoqG und die Anordnung einer Teiluntersagung (schrittweise Reduzierung der Belegung) in Betracht.

Der Grundsatz der Verhältnismäßigkeit setzt Betriebsuntersagungen jedoch auch noch in einer weiteren Hinsicht, nämlich unter dem Gesichtspunkt der Angemessenheit, Grenzen:

Insoweit sind zunächst in einem ersten Schritt die Auswirkungen der beabsichtigten Betriebsuntersagung auf die Rechtsgüter des Betroffenen, nicht nur diejenigen des Einrichtungsträgers, sondern gerade auch der von der Schließung der Einrichtung betroffenen Bewohnerinnen und Bewohner, im Wege einer konkreten Rechtsfolgenabschätzung zu erheben. Von Bedeutung ist dabei insbesondere, ob für die von der Schließung der Einrichtung Betroffenen sofort verfügbare (freie) Ersatzpflegeplätze in ausreichender Zahl, Qualität und räumlicher Nähe zur Verfügung stehen und inwieweit die Betroffenen und ihre Angehörigen und Betreuer von der Heimaufsicht Unterstützung bei der Suche nach einem Ersatzpflegeplatz und dessen konkreter Vermittlung bis hin zum Abschluss eines neuen Heimvertrags erfahren.

Die für die Heimaufsicht zuständigen Behörden müssen sich deshalb bereits im Vorfeld etwaiger aufsichtlicher Maßnahmen über die Folgen ihres beabsichtigten Handelns für die betroffenen, ihrem Schutz in besonderer Weise befohlenen Bewohnerinnen und Bewohner Gewissheit verschaffen, um gegebenenfalls noch in der Anordnung selbst die unvermeidbaren Folgen eines zwingend erforderlichen Einschreitens soweit wie möglich zu kompensieren.

Schließlich sind in einem zweiten Schritt die gesammelten Befunde in eine Gesamtabwägung einzustellen.
Letztere kann dazu führen, dass eine Betriebsschließung unterbleiben oder zumindest aufgeschoben werden muss, weil die mit ihr notwendigerweise verbundenen Folgen für die Bewohnerinnen und Bewohner aktuell nicht kompensiert werden können. In einem solchen Fall ist, selbst wenn die Untersagungsverfügung für sich betrachtet gerechtfertigt wäre, niederschwelligeren Maßnahmen, wie beispielsweise einem sofortigen Austausch der Heimleitung (Art. 14 BayPlfeWoqG) mit dem Ziel der (Abwicklungs-) Übernahme durch einen anderen (verantwortungsvolleren) Träger, gegebenenfalls mit der flankierenden Anordnung (Art. 13 II BayPfleWoqG) gegenüber dem bisherigen Einrichtungsträger, sich jeder Einflussnahme auf die neue Leitung und das Pflegepersonal zu enthalten und die Einrichtung nicht mehr zu betreiben, der Vorzug zu geben[133].

3.4.8. Ferienwohnung

Die Festsetzung in einem Bebaungsplan "Betriebe des Beherbergungsgewerbes mit maximal bis zu vier Betten" als ausnahmsweise zulässige Art der baulichen Nutzung in festgesetzten reinen Wohngebieten erlaubt nicht die Nutzung eines Einfamilienhauses als Ferienwohnung[134].

Die dauerhafte Nutzung einer Wohnung als Ferienwohnung in einem Gebäude, für das eine Genehmigung als Wohngebäude vorliegt, stellt eine Nutzungsänderung dar, für die eine Baugenehmigung erforderlich ist[135].

Das Vorhalten von Mobiliar und einer Einbauküche kann Teil der in einer baulichen Anlage rechtswidrig ausgeübten Nutzung sein und auf der Grundlage des § 80 I 2 BbgBO (§ 73 III 1 BbgBO aF) untersagt werden[136].

Eine Ferienwohnung ist in einem allgemeinen Wohngebiet nicht deshalb zulässig, weil der Plangeber sie hat zulassen wollen. Die Festsetzung eines allgemeinen Wohngebietes ist der individuellen Auslegung nicht zugänglich, weil ihre Bedeutung in § 4 BauNVO verbindlich geregelt ist. Modifikationen können nur nach Maßgabe der Regelungen in § 1 Abs. 4 bis 10 BauNVO vorgesehen werden. Dies ergibt sich aus § 1 Abs. 3 Satz 2 BauNVO.

---

[133] BayVGH, B.v.09.01.19- 12 CS 18.2638,NVwZ-RR 19,960
[134] OVG Greifswald, B.v.10.06.15- 3 M 85/14,NordÖR 15,433 =NJW-Sp 15,707 =BauR 15,2040,2043
      =NVwZ-RR 15,926
[135] OVG Bl.-Bbg, B.v.30.05.16- 10 S 34.15,BauR 16,1525 =NVwZ-RR 16,650
      Discher zu VG Berlin,U.v.08.06.16- 6 K 108/16,NVwZ 16,1429
[136] OVG Bl.-Bbg, B.v.19.01.17- 2 S 48/16,NVwZ-RR 17,364
      - 2 S 45/16,BauR 17,919

Liegen die Voraussetzungen für den Erlass einer Nutzungsuntersagung vor, so ist in der Regel auch die Anordnung der sofortigen Vollziehung gerechtfertigt. Dies gilt auch für den Erlass einer Nutzungsuntersagung wegen formeller Illegalität des Vorhabens. Es bedarf einer weiteren Begründung grundsätzlich nicht (Bestätigung der bisherigen Rechtsprechung).

Entgegen diesem Grundsatz kann im Einzelfall ein überwiegendes öffentliches Interesse an der sofortigen Durchsetzung der Vorschriften des öffentlichen Baurechts ausnahmsweise dann zu verneinen sein, wenn die Gemeinde in einem fortgeschrittenen Stadium ein Planänderungsverfahren durchführt mit dem Ziel, die Nutzung zu legalisieren, und der Abschluss dieses Verfahrens in absehbarer Zeit erwartet werden kann. Ob dabei auch der Umstand eine Rolle spielt, dass der Adressat der Nutzungsuntersagung unter zutreffender Angabe der Nutzungsart ein Genehmigungsfreistellungsverfahren durchgeführt hat, bleibt offen[137].

Die Nutzungsuntersagung einer Ferienwohnnutzung (Vermietung zu Ferienwohnzwecken) kann rechtmäßig sein, wenn ein Sonderfall- Legalisierung durch Änderung des Bebauungsplans in absehbarer Zeit- nicht (mehr) vorliegt[138].

Die Änderung der genehmigten Nutzung als Nutzung zum "betreuten" Wohnen in Ferienwohnungen stellt eine genehmigungspflichtige Nutzungsänderung dar (Anschluss an OVG Greifswald, U.v.19.Februar 2014- 3 L 212/12- NordÖR 2014,323).

Die formelle Baurechtswidrigkeit rechtfertigt in aller Regel den Erlass einer Nutzungsuntersagung. Ein Absehen von dem Erlass einer Nutzungsuntersagung kann ausnahmsweise in Betracht kommen, wenn offensichtlich ist, dass die formell illegale Nutzung materiell genehmigungsfähig ist. Das ist grundsätzlich nicht der Fall, wenn es einer Beurteilung des Vorhabens nach § 34 Abs. 1 BauGB bedarf.

Wenn die Voraussetzungen für eine Nutzungsuntersagung vorliegen, ist in der Regel auch die Anordnung der sofortigen Vollziehung nach § 80 Abs. 2 Satz 1 Nr. 4 VwGO gerechtfertigt. Aus Verhältnismäßigkeitsgesichtspunkten kann es gleichwohl geboten sein, die Frist für die Vollstreckung der Nutzungsuntersagung im Rahmen einer Auflage nach § 80 Abs. 5 Satz 4 VwGO aufzuschieben[139].

Eine Praxis des Einschreitens gegen Ferienwohnungen in einem festgesetzten allgemeinen Wohngebiet, bei der die Bauaufsichtsbehörde nur in "Neufällen" die Nutzung mit sofortiger Wirkung untersagt, während sie in "Altfällen" ein

---

[137] OVG Greifswald, B.v.14.04.15- 3 M 86/14,NordÖR 15,325 =BauR 15,1886
[138] OVG Greifswald, B.v.10.05.16- 3 M 396/15,BauR 16,1457
[139] OVG Greifswald, B.v.27.03.15- 3 M 38/15,NordÖR 15,322 =NVwZ-RR 15,809

entsprechendes Vorgehen für einen konkret bestimmten, nicht zu langen Zeitraum zurückstellt, um abzuwarten, ob die Gemeinde den Bebauungsplan ändert und die Ferienwohnnutzung legalisiert, ist ermessensfehlerfrei (Abgrenzung zu OVG Greifswald, Urteil vom 14.12.2018- 3 K 499/15)[140].

Die Beendigung der gegenwärtigen Nutzung eines Wohngebäudes zur nicht mehr wohnartigen Unterbringung ausländischer Arbeitnehmer ist nur im Einzelfall durch bauaufsichtliche Anordnung gegenüber dem Vermieter statt gegenüber den Mietern zu bewirken[141].

Airbnb ist nicht zur generellen Weitergabe der Gastgeberdaten an die zuständige Behörde verpflichtet.
Die Behörde muss sich vielmehr von Verfassungs wegen nach den Vorgaben des Zweckentfremdungsrechts und des Telemediengesetzes auf Auskunftsersuchen "im Einzelfall" beschränken, was einen konkreten personen- oder objektbezogenen Anfangsverdacht für eine Zweckentfremdung voraussetzt.
Eine generelle und flächendeckende "Datenerhebung auf Vorrat" kommt nicht in Betracht[142].

Die Nutzung als Bordell kann nach wie vor untersagt werden. Das bundesgesetzliche Prostituiertenschutzgesetz (ProstSchG) verdrängt die Landesverordnung über das Verbot der Prostitution in Mecklenburg-Vorpommern (ProstVerbV M-V) nicht[143].

Da die Befugnisse zum Einschreiten grundsätzlich keiner Verwirkung unterliegen, begründet das bloße Nichteinschreiten der Bauaufsichtsbehörde gegen ihr bekannte illegale bauliche Anlagen oder deren Nutzung auch über einen längeren Zeitraum für sich genommen noch kein im Rahmen der Ermessensausübung beim Erlass einer Nutzungsuntersagung beachtliches schutzwürdiges Vertrauen[144]. Wurde aber die Nutzung von verschiedenen Ordnungsbehörden nicht beanstandet und zur Gewerbesteuer veranlagt, ist eine großzügige Frist einzuräumen, um die Klärung der materiell – rechtlichen Zulässigkeit oder Unzulässigkeit in dem einschlägigen bauaufsichtlichen Verfahren zu ermöglichen[145]. Eine aktive Duldung erfordert im Rahmen der Ermessensausübung eine Auseinandersetzung mit dem durch sie geschaffenen Vertrauenstatbestand und eine Prüfung, ob das öffentliche Interesse an der Herstellung baurechtmäßiger Zustände gegenüber den privaten Belangen, insbesondere dem Gesichtspunkt des Vertrauensschutzes, überwiegt[146]. Von der Nutzungsuntersagung ist abzusehen, wenn der Bauherr alles unternimmt, um die

---

[140] OVG Greifswald, B.v.05.04.19- 3 M 99/19,NordÖR 19,288,365 =NVwZ-RR 19,943
[141] OVG Lüneburg, B.v.19.12.18- 1 ME 155/18,NVwZ 19,334 m.Anm. Milstein =NordÖR 19,100
[142]   BayVGH, B.v.20.08.19- 12 ZB 19.333,NVwZ 19/18VIII
[143] OVG Greifswald, B.v.28.11.18- 1 M 847/18,NordÖR 19,82
[144] OVG Saarland, U.v.18.06.14- 2 B 209/14, BauR 14,1823
[145] OVG Saarland, B.v.14.04.14- 2 B 207/14, BauR 14,1186
[146] OVG Greifswald, U.v.04.09.13- 3 L 108/11, NordÖR 13,514 =NvwZ-RR 14,260

erforderliche Genehmigung alsbald zu erlangen und die Genehmigungsfähigkeit offensichtlich ist[147].

Das (dauerhafte) Campieren auf öffentlichen Flächen ohne einen inhaltliche Bezug zur Versammlung als "Ersatz-Obdach" ist wegen der damit verbundenen Beeinträchtigung öffentlicher Belange nicht mehr von dem Schutzbereich des Art. 8 GG erfasst[148].

Werden die einer Baugenehmigung beigefügten abfallrechtlichen Auflagen nicht befolgt, führt dies nicht dazu, dass die Nutzung der baulichen Anlage im Sinne des § 79 S. 2 LSABauO formell illegal ist[149].

Die Regelungswirkung einer Nutzungsuntersagung entfällt bei einem Eigentumswechsel nicht.
Anders ist dies, wenn eine endgültige Nutzungsaufgabe der Neueigentümer vorliegt[150].

3.5.   Duldung

Muss der Betroffene zur Befolgung der Anordnung in Rechte Dritter (Miteigentum, Miete, Pacht) eingreifen, muss die Bauaufsichtsbehörde gegen diese entweder dieselbe Anordnung oder aber deren Duldung anordnen. Rechtsgrundlage dafür ist die Ermächtigung zur Anordnung gegen den Betroffenen.

Der Betroffene kann die Anordnung nur dann fristgemäß befolgen, wenn mit Fristbeginn die Duldungsanordnung bestandskräftig bzw. sofort vollziehbar ist. Ist dies nicht der Fall, ist die Zwangsgeldandrohung rechtswidrig[151].

Die Duldungsanordnung kann nur erlassen werden, wenn die Gefahr besteht, dass ein Dritter unter Berufung auf eigene Rechte den Vollzug der Beseitigungsanordnung verhindert. Sie ist daher rechtswidrig, wenn ihr Adressat dem Vollzug der Beseitigungsanordnung zugestimmt hat oder ihm offensichtlich kein den Vollzug hinderndes Recht zusteht[152]. Gegenüber dem mit besitzenden Ehegatten ebenso wie gegenüber dem Mieter des Alleineigentümers bedarf es

---

[147] OVG Lüneburg, B.v.12.12.13- 12 ME 194/13, RdL 14,43 =NvwZ-RR 14,300 =NordÖR 14,148
[148] OVG Hamburg, B.v.22.06.17- 4 Bs 125/17,NVwZ 17,1390 =NordÖR 17,556
        OVG Hamburg, B.v.05.07.17- 4 Bs 148/17,NVwZ-RR 17,969 =NordÖR 17,563
        OVG Hamburg, B.v.03.07.17- 4 Bs 142/17,NVwZ-RR 17,969 =NordÖR 18,42
        OVG Hamburg, B.v.03.07.17- 4 Bs 141/17,NVwZ-RR 17,969 =NordÖR 18,42
        Hartmann, Protestcamps als Versammlungen iSv Art. 8 I Grundgesetz? NVwZ 18,200 (G 20)
[149] OVG Magdeburg, B.v.07.07.15- 2 M 49/15,NVwZ-RR 15,890 =BauR 15,2040
[150] OVG Greifswald, B.v.02.02.16- 3 M 77/14,NordÖR 16,263 =BauR 16,1305
[151] OVG Lüneburg, U.v.11.02.85 – 6 A 95/82, BRS 44 Nr. 208
[152] OVG Koblenz, B.v.08.12.03 – 8 B 11827/03, BauR 04,659

der Duldungsanordnung[153]. Gegen sie können auch Einwendungen gegen die Rechtmäßigkeit der Beseitigungsverfügung vorgebracht werden[154]

Angesichts des Ausnahmecharakters und der weitreichenden Folgen einer sogenannten aktiven Duldung, bei der die Behörde an der Beseitigung rechtswidriger Zustände gehindert ist, muss den entsprechenden Erklärungen der Behörde mit hinreichender Deutlichkeit zu entnehmen sein, ob, in welchem Umfang und ggf. über welchen Zeitraum die Duldung des illegalen Zustands erfolgen soll[155].

Ein im Zusammenhang mit dem 2.Weltkrieg ohne auffindbare Zulassung errichtetes Behelfsheim wird von der Bauaufsichtsbehörde nicht allein deshalb zur dauerhaften Wohnnutzung "aktiv geduldet", weil im Jahre 1961 der Anbau eines Abstellraums und eines Trockenaborts genehmigt worden ist.[156]

3.6.   Sonstige Maßnahmen

Die Bauaufsichtsbehörde kann sonstige Maßnahmen anordnen[157], die zur Herstellung oder Sicherung rechtmäßiger Zustände erforderlich sind.

Art. 54 IV BayBauO vermittelt bei einem Gefahrenverdacht, wenn dieser aus der maßgeblichen ex-ante-Sicht auf objektiven Umständen beruht und für sich bereits die tatbestandliche Schwelle einer "erheblichen Gefahr für Leben und Gesundheit" erreicht, grundsätzlich - als ersten Schritt zur Gefahrenabwehr - die behördliche Befugnis zur Anordnung von Maßnahmen, die der genauen Abklärung der Gefahrenlage dienen. Bestandsschutz schützt davor nicht. [158]
So kann sie die Aufstellung eines mobilen Anhängers mit Werbeanlage untersagen, wenn ihr am konkreten Aufstellungsort materielle öffentlich-rechtliche Vorschriften entgegenstehen[159].

Verboten werden kann die Dämmung auf Fugen aus Asbest.
Nach § 16 II GefStoffV iVm Anhang II Nr. 1 I 1 und 4 GefStoffV ist die (schlichte) Überdeckung von asbesthaltigen Fugen von Häuserfassaden zum Zwecke der energetischen Wärmedämmung verboten. Vor der Durchführung etwaiger Dämmungsmaßnahmen hat eine den Regeln der Technik entsprechende Entfernung der asbesthaltigen Fugen zu erfolgen.

---

[153] BayVGH, B.v.05.08.96 – 14 AS 96.1624, NVwZ 97,604
[154] OVG Lüneburg, B.v.28.01.08 – 1 LB 28/08, V.n.b.
[155] OVG Münster, U.v.24.02.16- 7 A 1623/14,NVwZ-RR 16,851 =BauR 16.807
[156] OVG Hamburg, B.v.29.05.17- 2 Bf 61/16.Z,NordÖR 17,418 =BauR 17,1675
[157] § 79 Abs. 1 Satz 1 NBauO
[158] BayVGH, B.v.25.03.19- 15 C 18/2324,NVwZ-RR 19,808
[159] OVG Münster, B.v.08.07.14- 10 B 484/14, BauR 14,1928

Das sich nach Anhang II Nr. 1 I 1 GefStoffV ergebende Verbot von Arbeit an asbesthaltigen Teilen von Gebäuden gilt unabhängig von einer konkreten Gefährdungslage für die Beschäftigten und andere Personen.

Die energetische Wärmedämmung, bei der asbesthaltiges Fugenmaterial verdeckt wird, stellt keine ASI-Arbeit im Sinne von Anhang II Nr. 1 I 2 Nrn. 1 und 2 GefstoffV dar. So genannte ASI-Arbeiten verfolgen nach der gesetzgeberischen Intention das Ziel, asbesthaltige Materialien aus der Gebäudesubstanz zu entfernen und gegebenenfalls zu ersetzen. Denn nur eine auf Beseitigung bzw. Verringerung des Gefährdungspotentials ausgerichtete Tätigkeit kann den Umgang mit dem Gefahrstoff Asbest, mithin die damit im Zusammenhang stehende Gefährdung von Beschäftigten und anderer Personen rechtfertigen.

Das bloße Überbauen und/oder Überdecken von asbesthaltigem Fugenmaterial verfolgt diese Zielrichtung nicht, da auf den konkreten Zustand der Asbestfuge und das ihr innewohnende Gefahrenpotential kein Einfluss genommen wird, obgleich die Beschäftigen einer Arbeit an dem Gefahrstoff ausgesetzt sind.[160]

3.6.1. Auskunft

Der Verpächter eines legal betriebenen Campingplatzes ist verpflichtet, der Bauaufsichtsbehörde die Namen der Nutzungsberechtigten von Standplätzen zu nennen, wenn die Besorgnis besteht, dass nicht (mehr) alle Wohnwagen zum öffentlichen Straßenverkehr zugelassen werden können[161].

Ein Vermittler von Wohnungen im Internet ist nicht zur generellen Weitergabe der Gastgeberdaten an die zuständige Behörde verpflichtet.[162]

In Fällen, in denen Verwalter für Wohnungseigentümergemeinschaften nicht mehr geeichte Zähler verwenden und unzulässigerweise auf dieser Grundlage Jahresabrechnungen erstellen wollen, besteht aller Anlass zu ordnungsbehördlichem Einschreiten.[163]

Kleidet die Behörde eine vorbereitende Verfahrenshandlung (hier: Aufforderung zur Vorlage eines Führungszeugnisses) ihrer äußeren Form nach in die Gestalt eines Verwaltungsakts, setzt sie den Rechtsschein eines Verwaltungsakts, der ungeachtet der fehlenden materiellen Verwaltungsaktqualität statthafterweise im Wege der Anfechtungsklage und im vorläufigen Rechtsschutz gemäß § 80 V VwGO beanstandet werden kann.[164]

---

[160] OVG Magdeburg, B.v.11.04.16- 3 L 90/15,NVwZ-RR 16,865
[161] OVG Lüneburg, B.v.25.04.89 – 6 M 11/89, BauR 89,723
[162] BayVGH, B.v.20.08.19- 12 ZB 19.333,NVwZ 19/18VIII
[163] OVG Münster, B.v.25.07.16- 4 A 1150/15,NVwZ-RR 16,807
[164] VGH Mannheim, B.v.20.10.16- 1 S 1662/16,NVwZ-RR 17,224

Ein Aussageverweigerungsrecht entbindet von einer gesetzlichen Auskunftspflicht nicht.

Die Auskunft über Vermögensverhältnisse kann die Vollstreckungsbehörde nach § 284 AO verlangen.[165]

3.6.2. Bauvorlagen

Die Anordnung, einen Bauantrag zu stellen, widerspricht allgemeinen Grundsätzen, weil selbst bei Herstellung einer erlaubnispflichtigen Sachlage die Stellung eines Antrags als verwaltungsrechtlicher Willenserklärung in das Belieben des Erklärenden gestellt ist[166].

Die Bauaufsichtsbehörde kann aber Unterlagen anfordern, die sie zur Beurteilung benötigt, ob von dem ungenehmigten und stillgelegten Bauvorhaben Gefahren ausgehen, und die sie anderweitig nicht oder nur mit unverhältnismäßigem Aufwand ermitteln könnte.

Die Vorlage einzelner bautechnische Nachweise kann verlangt werden, wenn berechtigte Zweifel daran bestehen, ob eine Baumaßnahme im Einklang mit öffentlichen Recht steht[167].

Werden die zur Genehmigungserteilung erforderlichen Unterlagen nicht eingereicht, besteht schon aus diesem Grund ein besonderes öffentliches Interesse an der Durchsetzung und sofortigen Vollziehung eines Verbots.[168]

Gestalterische Vorgaben, die nicht dem bauzeitlichen Original oder einer späteren Änderung mit eigenem Denkmalwert entsprechen, können mit einer denkmalrechtlichen Genehmigung nicht durchgesetzt werden.[169]

3.6.3. Sachverständigengutachten

Ein Widerspruch baulicher Anlagen zum öffentlichen Baurecht ist nicht erst dann im Sinne des § 79 I 1 NdsBauO zu besorgen, wenn die fehlende Standsicherheit eines Gebäudes erwiesen ist, sondern bereits dann, wenn hinreichende Indizien für ihren Wegfall sprechen.

Unbeschadet des § 24 I 1 VwVfG kann die Bauaufsichtsbehörde bei Vorliegen der oben genannten Voraussetzung vor einer Ermittlung auf eigene Kosten absehen und als Gefahrenabwehrmaßnahme (im weiteren Sinne) gestützt auf § 79 NdsBauO verantwortlichen Personen aufgeben, zur Vorbereitung der eigentlichen Gefahrenabwehrmaßnahme (im engeren Sinne) den Umfang der bestehenden Gefahr zu ermitteln.[170]

---

[165] OVG Münster, B.v.10.11.16- 9 B 298/16,NVwZ-RR 17,170
[166] OVG Münster, B.v.27.08.02 - 10 B 1233/02, BauR 03,677;
OVG Weimar, B.v.15.01.19- 1 EO 522/18,NVwZ-RR 19,638
[167] OVG Saarland, B.v.21.10.13- 2 B 344/13,BauR 14,312
[168] OVG Münster, B.v.20.01.20- 4 B 1263/19,NJW 20/16,10
[169] OVG Berlin-Brandenburg, U.v.21.04.16- 2 B 24/12,NVwZ-RR 16,815
[170] OVG Lüneburg, B.v.09.12.15- 1 LA 184/14,NVwZ-RR 16,445 =NordÖR 16,131 =BauR 16,886

Hält die Bauaufsichtsbehörde aufgrund objektiver Umstände eine Gefährdung der Standsicherheit für möglich, aber nicht für sicher (= Gefahrenverdacht), kann sie anordnen, dass ein Prüfingenieur die Standsicherheit prüft[171]. Dem kann sich der Grundstückseigentümer nicht dadurch entziehen, dass er sein Eigentum aufgibt (=Delirektion)[172]. Erweist sich der Gefahrenverdacht als unzutreffend, kann der Betroffene als „Nichtstörer" Entschädigung verlangen[173]. Die Bauaufsichtsbehörde kann aber ihre Verantwortung für die Auswahl der zu treffenden Maßnahmen (hier u.a.: Herstellung der Standsicherheit eines Denkmals) weder auf Sachverständige noch auf den Betroffenen abwälzen[174].

3.6.4. Räumung

Als Konkretisierung einer Nutzungsuntersagung kann die Bauaufsichtsbehörde die Räumung anordnen[175], wenn anderenfalls der Dritten ersichtliche Eindruck erweckt würde, die Nutzung dauere noch an (Vorbildwirkung)[176]

Die Gefahrenabwehrbehörde kann den Eigentümer eines Grundstücks, auf dem ein Bombenblindgänger gefunden wurde, auf der Grundlage von § 66 I 2 NdsSOG zu Kosten heranziehen, die ihr für die Evakuierung der von der Bombenräumung betroffenen Bevölkerung entstanden sind.
Die Durchführung der Evakuierung stellt eine zusätzlich zur Ausführung der Bombenbeseitigung erforderliche Amtshandlung dar, für die Auslagen nach dem Niedersächsischen Verwaltungskostengesetz zu erstatten sind. Der Grundstückseigentümer hat kostenrechtlich zu den Evakuierungsmaßnahmen Anlass gegeben[177].

Vollstreckungsschutz für einen längeren Zeitraum (auf Dauer bei Suizidgefahr) ist bei erheblichen Gefahren für Leben und Gesundheit des Bewohners zu gewähren.[178]

3.7.   Anpassungsverlangen

Der (Landes-)Gesetzgeber hat durch die Schaffung und nachträgliche Anpassung von Regelungen im Bauordnungsrecht, die die Rauch- und Brandfreiheit eines als Rettungsweg fungierenden Treppenraums gewährleisten sollen (Art. 33 IV - VI BayBauO), den spezifischen Gefahrbegriff des Art. 54 IV BayBauO hinsichtlich der Sicherung der gefahrfreien Benutzbarkeit eines Rettungswegs konkretisiert[179].

[171] OVG Bautzen, B.v.31.03.14- 1 A 699/13, BauR 14,2076
[172] OVG Magdeburg, B.v.02.09.14- 2 M 31/14, NvwZ-RR 14,917
[173] Grosse-Suchsdorf/Lindorf/Schmaltz/Wiechert, NBauO, 9.Auflage München 2013,Rdnr. 41 zu § 79
[174] OVG Münster, B.v.24.04.08 – 10 B 360/08, BauR 08,1873
[175] OVG Koblenz, B.v.05.07.06 – 8 B 10574/06, BauR 06,1734
[176] OVG Lüneburg, B.v.20.11.07 – 1 ME 309/07, V.n.b.
[177] OVG Lüneburg, U.v.28.11.19- 11 LC 606/18,NJW 20,1313
[178] BVerfG, B.v.06.07.16- 2 BvR 548/16,NJW 16,3090
[179] BayVGH, B.v.11.10.17- 15 CS 17.1055,NVwZ-RR 18,14

Ein Anpassungsverlangen nach § 86 Abs. 1 BauO SA ist zwar nur dann erforderlich, wenn für die geschützten Rechtsgüter eine Gefahr besteht, die mit Blick auf den Rang des Bestandsschutzes grundsätzlich erheblich und konkret sein muss.

Bei Gefährdungen von Leben oder Gesundheit als geschützten Rechtsgütern sind an die Feststellung der Wahrscheinlichkeit des Schadenseintritts aber keine übermäßig hohen Anforderungen zu stellen, insbesondere ist zu berücksichtigen, dass mit der Entstehung eines Brandes in einem Gebäude praktisch jederzeit gerechnet werden muss[180].Notwendige Treppenräume zählen zu den wichtigsten Rettungswegen. Damit sie im Brandfall ausreichend lange benutzbar sind, stellt § 34 BauO SA vor allem aus Gründen des Brandschutzes an sie besondere Anforderungen. Mängel in Bezug auf diese Rettungswege stellen erhebliche Gefahren für Leben und Gesundheit dar.

4.   Begründung

Wird die Anordnung schriftlich[181] erlassen oder bestätigt[182], muss die Bauaufsichtsbehörde sie begründen[183]. In der Begründung sind die wesentlichen und tatsächlichen Gründe mitzuteilen, die die Behörde zu ihrer Entscheidung bewogen haben[184]. Die Begründung von Ermessensentscheidungen soll auch die Gesichtspunkte erkennen lassen, von denen die Behörde bei Ausübung ihres Ermessens ausgegangen ist[185].

4.1.   Ermessensausübung

Untersagt die Bauaufsichtsbehörde die Nutzung eines Einstellplatzes mit der Begründung, der Einstellplatz benötige eine durch Baulast gesicherte Zufahrt, schließt das Erfordernis einer Ermessensausübung aus, anstelle dieser der Bauordnung widersprechenden Begründung die Nutzungsuntersagung damit zu begründen, der Einstellplatz sei als Garagengebäude zu qualifizieren, das eine durch Baulast gesicherte Zufahrt benötige[186].

Bei massiven Beeinträchtigungen kann sich das der Bauaufsichtsbehörde grundsätzlich zustehende Ermessen hinsichtlich des Einschreitens – ausnahmsweise – zu Gunsten des Nachbarn auf Null reduzieren[187].
Ein Bescheid, in dem zu einer auf das Bundes-Bodenschutzgesetz gestützten Detailuntersuchung verpflichtet wird, ist rechtswidrig, wenn die zuständige

---

[180] OVG Magdeburg, B.v.08.03.17- 2 L 78/16,BauR 17,1245
[181] § 79 NBauO schreibt keine Schriftform vor
[182] auf Antrag, § 37 Abs. 2 VwVfG
[183] § 39 VwVfG
[184] § 39 Abs.1 Satz 2 VwVfG
[185] § 39 Abs. 1 Satz 3 VwVfG
[186] OVG Saarland, B.v.13.12.05 – 2 Q 15/05, BauR 06,1112
[187] OVG Lüneburg, B.v.21.03.07 – 1 ME 61/07, BauR 07,1214

Behörde bei ihrer Auswahl unter den potenziell in Anspruch zu nehmenden Verpflichteten ermessensfehlerhaft nicht die erbrechtliche Gesamtrechtsnachfolgerin eines weiteren in Betracht kommenden Pflichtigen einbezogen hat.

Ein Ermessensfehler liegt dann vor, wenn nicht alle in Betracht kommenden Störer in die Auswahl einbezogen werden oder bei einer Vielzahl von in Betracht kommenden Verursachern einer ausgewählt wird, ohne den Verursachungsbeiträgen der anderen nachzugehen.

Wenn eine Gesellschaft mehrere rechtlich in leitender Verantwortung stehende Personen hat, ist es für die Ermittlung des Verhaltensverantwortlichen erforderlich, für jede Führungsperson zu untersuchen, ob und in welchem Ausmaß sie durch pflichtwidriges Tun oder Unterlassen einen erheblichen Verursachungsbeitrag geleistet hat.

Ein nach § 114 S. 2 VwGO zulässiges Nachschieben von Ermessenserwägungen liegt dann nicht (mehr) vor, wenn dadurch der Verwaltungsakt in seinem Wesen verändert oder der Betroffene in seiner Rechtsverteidigung beeinträchtigt wird.[188]

4.2.   Adressatenauswahl

Ist der Betroffene tatsächlich weder Eigentümer des Grundstücks und der baulichen Anlage und übt er auch nicht die tatsächliche Gewalt über die bauliche Anlage aus, muss die Bauaufsichtsbehörde, wenn sie ihre Anordnung gegen ihn aufrecht erhält, beweisen, dass der Betroffene mit seinen Handlungen den beanstandeten baurechtswidrigen Zustand hergestellt hat.[189]

Für den besonderen Polizeiaufwand aus Anlass einer kommerziellen Hochrisiko-Veranstaltung darf grundsätzlich eine Gebühr erhoben werden. Die besondere Rechtfertigung für die Gebühr liegt darin, dass die Polizei einen erheblichen Mehraufwand gerade aus Anlass einer kommerziellen Hochrisiko-Veranstaltung betreiben muss.

Dieser zusätzliche Aufwand darf dem Veranstalter zugerechnet werden, da dieser für den reibungslosen Ablauf der Veranstaltung auf die zusätzliche Polizeipräsenz angewiesen ist.

Der Veranstalter wird nicht etwa als Veranlasser einer Störung der öffentlichen Sicherheit in Anspruch genommen, sondern vielmehr als Nutznießer einer besonders aufwendigen polizeilichen Sicherheitsvorsorge[190].

---

[188] BayVGH, U.v.30.01.18- 22 B 16.2009,NvwZ-RR 18,606

Lennartz, Binnenausgleich zwischen Störern: Gesamtschuld vonVerfassungs wegen? NVwZ 18,1429

[189] OVG Lüneburg, B.v.26.02.08 – 1 ME 4/08, Datenbank

[190] BVerwG, U.v.29.03.19- 9 C 4/18,NvwZ 19,1444 =NordÖR 19,222 =NJW 19,3317

Leisner-Egensperger, Polizeikosten bei Fußballspielen, JurisAnwBl 19,290

Brüning, Gebührenpflicht für Polizeieinsätze bei Hochrisiko-Fußballspielen,NVwZ 19,1416

Drechsler, Rechtspolitische Aspekte der Polizeikostenbeteiligung bei Sportgroßveranstaltungen, NVwZ 20,433

Die Gebührenerhebung für einen Polizeieinsatz infolge des Vortäuschens einer Gefahrenlage setzt grundsätzlich eine aktive Täuschungshandlung voraus. Die unterlassene Benachrichtigung der Polizei über das Ende der Gefahrenlage löst eine Gebührenpflicht nicht aus, wenn keine Garantenpflicht zur Aufklärung besteht[191].

4.3. Verhältnismäßigkeit

In der Person des Betroffenen begründete Umstände können einem bauaufsichtlichen Einschreiten in aller Regel nicht entgegenstehen; sie sind bei den Modalität des Einschreitens, etwa bei der Bestimmung der Frist zur Herstellung rechtmäßiger Zustände zu berücksichtigen[192].

4.4. Duldung

Zusicherungen der Bauaufsichtsbehörde, eine rechtswidrige bauliche Anlage auf Dauer zu dulden, bedürfen der Schriftform auch dann, wenn die bauaufsichtliche Erklärung nicht nur eine Zusicherung enthält, sondern die Duldung selbst schon verbindlich ausspricht (so genannte Duldungsverwaltungsakte)[193].

5. Vollstreckung

Die Bauaufsichtsbehörde kann Zwangsmittel anwenden und bauliche Anlagen oder deren Teile versiegeln. Zwangsmittel sind das Zwangsgeld, die Ersatzvornahme und unmittelbarer Zwang. Zwangsmittel sind, möglichst schriftlich, anzudrohen. Die Androhung kann mit der Anordnung verbunden werden

Die Versiegelung muss nicht angedroht werden; wird sie zusammen mit einem Zwangsgeld angedroht, muss auch nicht, wie bei den Zwangsmitteln, die Reihenfolge angegeben werden, in der sie angewendet werden sollen[194].

5.1 Zwangsgeld

Das Zwangsgeld hat weder Vorrang vor der Ersatzvornahme noch ist seine Höhe auf deren Kosten begrenzt. Bei der Höhe des Zwangsgeldes ist grundsätzlich auf die behördliche Sicht im Zeitpunkt der Androhung und die dabei zugrunde gelegte Einkommenssituation des Pflichtigen ("ex ante") abzustellen.[195]
Eine Interessenabwägung gegen die Zwangsgeldfestsetzung zugunsten des Vollstreckungsschuldners kommt nur dann in Betracht, wenn der Verlust des

---

[191] OVG Lüneburg, B.v.16.04.15- 11 LA 138/14,NVwZ-RR 15,483 =NordÖR 15,359 =VBl 15,258 =RPfl 15,314
[192] OVG Magdeburg, B.v.12.09.07 – 2 M 165/07, ZfBR 08,192
[193] OVG Lüneburg, U.v.26.08.92 – 1 L 99.91, OVGE 43,308
[194] OVG Lüneburg, B.v.17.11.05 – 9 ME 249/05, NVwZ-RR 06,322
[195] OVG Münster, B.v.24.01.20- 19 B 1361/19,NvwZ-RR 20,538

Geldbetrages bei dem Pflichtigen zu einem irreparablen Schaden führen würde.[196]

Ein weiteres Zwangsgeld kann vor Beitreibung eines nicht gezahlten festgesetzt werden.[197] Seine Festsetzung erfordert keine neue Ermessenserwägung, wenn in der vorausgegangenen Zwangsmittelandrohung die Auswahl des Zwangsmittels ermessensfehlerfrei erfolgt ist und sich seitdem keine wesentlichen neuen Tatsachen ergeben haben, die die Anwendung des angedrohten Zwangsmittels rechtswidrig machen (intendiertes Ermessen).[198] Die aufschiebende Wirkung einer Beschwerde gegen einen Beschluss über die Festsetzung eines Zwangsgeldes (§ 149 I 1 VwGO) steht der wiederholten Androhung eines Zwangsgeldes nicht entgegen. Denn sie hindert zwar die Beitreibung des zuvor festgesetzten Zwangsgeldes, führt aber nicht zum Wegfall der zu vollstreckenden Grundverfügung.[199]

Die Androhung der Festsetzung eines Zwangsgeldes muss nicht den Hinweis enthalten, dass das Zwangsgeld auf höchstens 50.000 Euro festgesetzt werden kann.

Liegen gravierende Mängel in der Schweinehaltung vor, kann die erneute Androhung der Festsetzung eines (gesteigerten) Zwangsgeldes von 500 Euro je Tier für den Fall der Nichtbefolgung der angeordneten Maßnahmen dem öffentlichen Interesse an der Einhaltung der tierschutzrechtlichen Anforderungen und dem privaten Interesse des Tierhalters, möglichst gering in seiner wirtschaftlichen Leistungsfähigkeit beeinträchtigt zu werden, gerecht werden[200].

Bei der Prüfung der Verhältnismäßigkeit einer Zwangsgeldfestsetzung kann die kumulierte Belastung durch die vorhergehenden Zwangsgeldfestsetzungen grundsätzlich keine Berücksichtigung finden, da die Verhältnismäßigkeit für jede Zwangsgeldfestsetzung gesondert zu prüfen ist und Zwangsmittel nach § 65 Abs. 3 Nds.SOG so lange wiederholt und gewechselt werden können, bis der Verwaltungsakt befolgt ist oder sich auf andere Weise erledigt hat[201].

Jedoch kann die fortgesetzte Zwangsgeldandrohung mit Rücksicht auf die Überschreitung der Kosten der Ersatzvornahme, die Höhe der bisher festgesetzten Zwangsgelder und die finanzielle Situation des Betroffenen unverhältnismäßig sein[202].

Mit der Androhung des Zwangsmittels muss dem Betroffenen eine angemessene Frist zur Erfüllung der Verpflichtung gesetzt werden. Diese Frist dient zwei

[196] OVG Magdeburg,B.v.03,05.16- 2 M 6/16,NVwZ-RR 16,893
[197] OVG Münster, B.v.23.06.15- 7 B 351/15,BauR 15,1643
[198] VGH Mannheim, B.v.02.08.19- 1 S 1263/19,NVwZ-RR 20,297
[199] OVG Hamburg, B.v.07.02.18- 1 So 7/18,NVwZ-RR 18,504 =NordÖR 18,343
[200] OVG Lüneburg, U.v.23.02.17- 11 LB 94/16,NVwZ-RR 17,479 =RdL 17,170 =NordÖR 17,260
    =VBl 17,244
[201] OVG Lüneburg, B.v.02.02.15- 4 LA 249/13,NordÖR 15,188 =VBl 15/5V =NVwZ-RR 15,857
[202] VGH Mannheim, U.v.04.12.03 – 5 S 2781/02, BauR 04,1605

verschiedenen Zwecken: der Rechtsschutzfrist und der Befolgungsfrist. Die Zwangsgeldfestsetzung kann unverhältnismäßig sein, wenn die Frist, die dem Pflichtigen zur Durchführung der ihm aufgegebenen Handlung als nicht (mehr) angemessen erweist.[203] Für ihre Rechtmäßigkeit ist der Zeitpunkt der letzten Behördenentscheidung maßgeblich.[204] Allein der Zeitablauf und/oder eine geänderte Rechtslage ändert die Grundverfügung nicht, so dass sie mit Zwangsgeld vollstreckt werden kann.[205]

Stellt ein Dritter die Grundverfügung in Frage, kann sie mit einem Zwangsgeld nur dann bewehrt werden, wenn dessen rechtskräftige Duldungsverfügung mit einem Zwangsmittel durchgesetzt wird.[206]

Die Androhung eines Zwangsgeldes für jeden Fall der Zuwiderhandlung gegen ein Unterlassungsgebot ist zulässig[207]. Die Unterlassungspflicht konkretisiert sich nach einem Verstoß dahingehend, dass die Folgen des pflichtwidrigen Tuns in zumutbarer Zeit effektiv zu beseitigen sind. Dies ist von dem Unterlassungsgebot mit umfasst, denn der Pflichtige verstößt fortlaufend weiter gegen die ihm auferlegte Unterlassungspflicht, indem er den durch seine eigene Pflichtwidrigkeit entstandenen Zustand aufrecht erhält.[208]

Wird in einem Prozessvergleich nach § 106 VwGO der angefochtene Bescheid ganz oder teilweise geändert, konsumiert der gerichtliche Vollstreckungstitel regelmäßig den behördlichen Vollstreckungstitel mit der Folge, dass die Vollstreckungsbefugnis insgesamt auf den Vorsitzenden des erstinstanzlichen Gerichts übergeht und die Behörde nicht mehr für die Vollstreckung zuständig ist (vgl. VGH Kassel, Beschl.v.15.1.2015- 3 B 1535/14,BeckRS 2015,45572)[209].

Ein Mieterwechsel ist unerheblich, wenn der neue Mieter die relevante Nutzung unter tatsächlicher Sachherrschaft fortführt, denn der neue Mieter ist Rechtsnachfolger der Grundverfügung.[210]

Die Anordnung der Ersatzzwangshaft scheidet aus, wenn weitere Verstöße des Vollstreckungsschuldners gegen das ihm aufgegebene Unterlassungsgebot nicht mehr zu erwarten sind.[211]

Die Zwangsgeldandrohung wird gegenstandslos, wenn der Adressat der Anordnung nicht innerhalb der gesetzten Frist nachkommen muss, weil sein gegen sie erhobener Rechtsbehelf aufschiebende Wirkung hat[212].

---

[203] OVG Magdeburg,B.v.03,05.16- 2 M 6/16,NVwZ-RR 16,893
[204] OVG Magdeburg, B.v.24.11.14- 2 L 39/13,NVwZ-RR 15,481
[205] OVG Schleswig, B.v.09.06.17- 1 MB 9/17,NordÖr 18,357
[206] OVG Saalouis, B.v.10.06.16- 2 B 68/16,NVwZ-RR 16,947
[207] OVG Lüneburg, U.v.21.08.02 – 1 LB 3335/01,NdsVBl 03,190
[208] OVG Schleswig, B.v.17.11.15- 1 MB 25/15,NordÖR 16,433
[209] OVG Lüneburg, B.v.25.04.19- 11 LB 498/18,NVwZ-RR 19,791 =NordÖR 19,563
[210] OVG Berlin-Brandenburg, B.v.16.05.19- 2 S 19.19,NJW-Sp 19,462 m.Anm.
[211] OVG Weimar, B.v.07.05.15- 3 VO 525/13,NVwZ-RR 16,5
[212] OVG Lüneburg, U.v.25.04.02 – 8 LB 47/01, NVwZ-RR 02,734

Die "Stornierung" des festgesetzten Zwangsgeldes führt nicht zur Erledigung des Zwangsgeldfestsetzungsbescheids.

Die Festsetzung des Zwangsgeldes setzt voraus, dass nach der Androhung des Zwangsgeldes und während der Zeit, in der die vollziehbare Ordnungsverfügung noch galt, hiergegen verstoßen wurde[213].

Die Ersatzvornahme ohne vorausgehende Anordnung im sofortigen Vollzug ist nicht zulässig, wenn die Anordnung gegen den der Bauaufsichtsbehörde bekannten Verantwortlichen unter Anordnung der sofortigen Vollziehung und gleichzeitiger Androhung der Ersatzvornahme möglich ist und eventuelle kurzfristige Verzögerungen die Wirksamkeit erforderlicher Maßnahmen zur Gefahrenabwehr nicht aufheben oder wesentlich beeinträchtigen[214]. Die Ersatzvornahme ist nicht unverhältnismäßig, wenn die Behörde ihren Erstattungsanspruch gegen den Adressaten ggf. nicht wird durchsetzen können[215].

Keine Zwangsmittelandrohung ist der Hinweis im Anordnungsbescheid, dass die Zuwiderhandlung gegen die sofort vollziehbare Anordnung eine Ordnungswidrigkeit nach § 80 Abs. 2 NBauO ist, die die Bauaufsichtsbehörde mit einem Bußgeld bis zu 50.000,00 € ahnden kann.

5.2   Ersatzvornahme

Die Androhung der Vollstreckung durch Ersatzvornahme der in einem Vergleich übernommenen Pflicht, ein Fahrzeug von einem bestimmten Ort zu entfernen bzw. entfernen zu lassen, ist nur dann hinreichend bestimmt, wenn zugleich angeordnet oder zumindest in dem Vergleich geregelt ist, wohin das Fahrzeug im Falle der Ersatzvornahme verbracht werden oder was sonst mit ihm geschehen soll[216].

Für einen öffentlich-rechtlichen Aufwendungsersatz für eine im Wege der Ersatzvornahme durchgeführte Baumfällung kommen die Grundsätze der Geschäftsführung ohne Auftrag nicht zur Anwendung.
Die Vorschriften des Verwaltungszustellungs- und Verwaltungsvollstreckungsgesetzes beinhalten vielmehr erschöpfende und abschließende Sonderregelungen[217].

---

[213] OVG Magdeburg, U.v.23.10.19- 2 L 51/17,NVwZ-RR 20,577
[214] OVG Münster, B.v.09.04.08 – 11 A 1386/05, NVwZ-RR 08,437
[215] OVG Lüneburg, B.v.28.02.12- 1 PA 143/11,Nds.RPfl. 12,150
[216] BayVGH, B.v.07.08.18- 8 C 18.1241,NVwZ-RR 18,951
[217] BayVGH, B.v.25.07.17- 10 ZB 17.807,NVwZ-RR 17,991

Die Pflicht der Behörde, im Rahmen ihrer Fürsorgepflicht die Kosten einer Ersatzvornahme möglichst gering zu halten, steht die Vergabe der Leistung auf der Grundlage eines Global-Pauschalvertrags nicht entgegen[218].

Weil es sich bei der Geltendmachung der Kosten einer Ersatzvornahme nicht um die Anforderung von öffentlichen Abgaben und Kosten im Sinne dieser Bestimmung handelt, entfällt die aufschiebende Wirkung des Widerspruchs (§ 80 Abs. 1 VwGO) nicht bereits nach § 80 Abs. 2 Satz 1 Nr. 1 VwGO. Die Vollziehbarkeit des Kostenbescheides über die Kosten der Ersatzvornahme ergibt sich aus § 80 Abs. 2 Nr. 3, 1.Alt. VwGO i.V.m. § 99 Abs. 1 Satz 2 SOG M-V. Bei der Anforderung von Ersatzvornahmekosten handelt es sich um eine Vollzugsmaßnahme im Sinne von § 99 Abs. 1 Satz 1 SOG M-V[219].

§ 117 BImSchG verdrängt nicht als lex specialis die landesrechtlichen Verjährungsvorschriften für die Geltendmachung originär dem öffentlichen Recht zuzuordnender Ansprüche auf Kostenerstattung einer Ersatzvornahme nach den Vorschriften des Hamburgischen Verwaltungsvollstreckungsgesetzes bzw. einer unmittelbaren Ausführung nach den Vorschriften des Gesetzes zum Schutz der öffentlichen Sicherheit und Ordnung aufgrund des Handelns als Ordnungsverwaltung.
Mit der ausdrücklichen Verjährungsregelung in § 76 Abs. 4 HambVwVg a.F. als dem spezielleren Gesetz werden die Verjährungsregelungen des Hamburgischen Gebührengesetzes verdrängt, soweit nicht ausdrücklich auf sie Bezug genommen worden ist. Die fehlende Bezugnahme auf die im Gebührengesetz enthaltene Regelung zur Festsetzungsverjährung verbietet es, insoweit von einer Regelungslücke auszugehen, da durch die eingeschränkte Bezugnahme von einer bewussten Entscheidung des Gesetzgebers auszugehen ist, die Regelung zur Festsetzungsverjährung nicht mit zur Anwendung bringen zu wollen.
Einen Grundsatz, dass es neben Vorschriften zur Zahlungsverjährung auch Regelungen zur Festsetzungsverjährung geben müsse, gibt es nicht (vgl. BVerwG, Urt.v.8.5.2014,NVwZ-RR 2014,781).
Es ist nicht zu beanstanden, wenn Ordnungsbehörden für Fälle rasch erforderlich werdender Gefahrenbeseitigung ihre Vertragspartner für bestimmte Zeiträume vorher durch Ausschreibungsverfahren auswählen. Die hierbei vereinbarten Preise dürfen auch Vorhaltekosten hinsichtlich Material und Personal beinhalten[220].

---

[218] OVG Lüneburg, U.v.04.11.15- 1 LC 171/14,BauR 16,241,884 =NVwZ-RR 16,291 =NordÖR 16,87 =VBl 16/3VII
[219] OVG Greifswald, B.v.07.07.16- 1 M 203/16,NordÖR 17,37 =NVwZ-RR 17,123
[220] OVG Hamburg, B.v.16.02.15- 1 Bf 63/14.Z,NordÖR 15,268 =NVwZ-RR 15,601

6. Anordnung der sofortigen Vollziehung

Die sofortige Vollziehung kann die Bauaufsichtsbehörde im öffentlichen Interesse oder im überwiegenden Interesse eines Beteiligten anordnen[221], das sie schriftlich besonders zu begründen hat[222].

Die Behörde braucht einen Betroffenen nicht speziell zu der Absicht anzuhören, gegen ihn unter Anordnung des Sofortvollzuges einschreiten zu wollen[223].

Beseitigungsanordnungen sowie die gegenteilige Anordnung, nämlich die Anordnung erforderlicher Arbeiten, können grundsätzlich nicht sofort vollzogen werden, weil hierdurch die Hauptsache in der Regel unangemessen vorweggenommen wird. Von diesem Grundsatz kann eine Ausnahme gemacht werden, wenn – erstens – die bauliche Anlage ohne wesentlichen Substanzeingriff entfernt werden kann, - zweitens – von ihr konkrete Gefahren für Leib, Leben oder bedeutende Sachgüter ausgehen, - drittens– der illegalen Baulichkeit eine erhebliche Breiten- und Nachahmungswirkung zukommt[224].

Es kann gerechtfertigt sein, die Beseitigung eines Nebengebäudes unter Anordnung des Sofortvollzuges anzuordnen, wenn dieses mittlerweile zur Ruine geworden ist, eine ernsthafte Wiederherstellungschance nicht besteht und Personen durch herabfallende Bauteile gefährdet werden können. Der Zeitpunkt des schädigenden Ereignisses muss dann nicht konkret abzusehen sein[225].

Für die Annahme einer Vorbildwirkung, die die Anordnung der sofortigen Vollziehbarkeit einer Beseitigungsverfügung rechtfertigt, müssen konkrete Anhaltspunkte dafür vorliegen, dass das Vorhandensein der baulichen Anlage bereits Nachahmung gefunden hat oder mit Wahrscheinlichkeit finden wird. Dabei sind das betroffene Grundstück, sein Situation bzw. Umgebung, das betroffene Gebiet sowie ggf. sonstige bedeutsame Umstände konkret in den Blick zu nehmen.
Die Anordnung der sofortigen Vollziehbarkeit einer Beseitigungsverfügung ist gerechtfertigt, wenn ein beharrlicher und notorischer Schwarzbauer nur auf diese Weise erfolgversprechend an der Fortsetzung seiner rechtswidrigen Betätigung gehindert werden kann. Hierbei ist zu berücksichtigen, dass ein Schwarzbauer, der vor Beginn seiner Bautätigkeit an um die materiellere Baurechtswidrigkeit seines Vorhabens weiß, im Falle einer später ergehenden Beseitigungsverfügung auch einen mit einer sofortigen Vollziehung

---

[221] § 80 Abs. 2 Nr. 4 VwGO
[222] § 80 Abs. 3 VwGO
[223] OVG Lüneburg, B.v.31.01.02 – 1 MA 4216/01, NVwZ-RR 02,822
[224] OVG Lüneburg, B.v.26.02.08 – 1 ME 4/08, Datenbank;
     OVG Lüneburg, B.v.02.06.98 – 6 M 2179/98, V.n.b.
[225] OVG Lüneburg, B.v.06.09.17- 1 ME 112/17,NordÖR 17,524 =BauR 17,2144=VBl 17/12II

einhergehenden weitgehenden Substanzverlust und hohe Rückbaukosten hinzunehmen ist[226].

7. Rechtsbehelfsbelehrung

Baubehördliche Anordnungen unterliegen der Nachprüfung im Widerspruchsverfahren[227]. Die einmonatige Widerspruchsfrist[228] beginnt nur zu laufen, wenn der Betroffene über den Rechtsbehelf, die Verwaltungsbehörde, bei der er einzulegen ist, den Sitz und die einzuhaltende Frist schriftlich belehrt wird[229]. Ist die Belehrung unterblieben oder unrichtig erteilt, so ist der Widerspruch binnen Jahres zulässig[230].

Die e-mail Angabe im Behördenkopf des Bescheides ist keine Belehrung, der Widerspruch könne als e-mail erhoben werden[231].

Die Belehrung, die Rechtsbehelfsfrist beginne mit Bekanntgabe, ist unrichtig, wenn die Anordnung zugestellt wird, oder wenn ein schriftlicher Bescheid mit Widerspruchsbelehrung eine mündliche Anordnung lediglich als vergangenes Ereignis wiedergibt[232].

8. Rechtsschutz

Vorläufiger vorbeugender Rechtsschutz kommt nur dann in Betracht, wenn es dem Betroffenen ausnahmsweise nicht zuzumuten ist, den Erlass des Verwaltungsakts abzuwarten und sodann mit Widerspruch, Anfechtungsklage und Anträgen nach §§ 80, 80a VwGO vorzugehen (so genanntes qualifiziertes Rechtsschutzbedürfnis).
Beruht die Zwangslage, in die der Betroffene geraten ist, auf eigenen Versäumnissen oder Fehleinschätzungen oder hat er bewusst auf eigenes Risiko gehandelt, so kann dies grundsätzlich nicht zu seinen Gunsten berücksichtigt werden. Das gilt sowohl für vorläufigen vorbeugenden Rechtsschutz, der sich gegen den beabsichtigten Erlass von Untersagungsanordnungen nach §§ 298 I, 294 II VAG richtet als auch für vorbeugenden Rechtsschutz gegen behördliche Verfahrenshandlungen im Vorfeld einer das Verfahren abschließenden Sachentscheidung[233]

---

[226] OVG Greifswald, B.v.20.04.16- 3 M 51/16,NordÖR 16,365,500
[227] §§ 68 Abs. 1, 69 VwGO; § 8a Abs. 3 Nr. 3.a) AG VwGO
[228] § 70 VwGO
[229] § 58 Abs. 1 VwGO
[230] § 58 Abs. 2 VwGO
[231] VG Berlin, U.v.02.11.07 – 4 A 243/06, NJW 08,1335
[232] OVG Münster, U.v.25.02.00 – 14 A 4921/99, NVwZ 01,212
[233] VGH Kassel, B.v.05.02.19- 6 B 2061/18,NJW 19/16,10

8.1. Widerspruch

Der Widerspruch kann auch als Telefax[234], nicht aber als e-mail[235] erhoben werden.

Eine Untätigkeitsklage nach § 75 VwGO ist zulässig, wenn die Widerspruchsbehörde keinen Widerspruchsbescheid erlässt, sondern das Widerspruchsverfahren einstellt, obwohl der Widerspruchsführer meint, es sei keine Erledigung eingetreten[236].

Der Widerspruch gegen die bauordnungsrechtliche Anordnung hat aufschiebende Wirkung, d.h. sie braucht nicht befolgt zu werden, auch wenn sie anordnet, etwas sofort oder innerhalb einer gesetzten Frist zu tun oder zu unterlassen[237]. Die aufschiebende Wirkung erstreckt sich auch auf die erhobenen Kosten[238]. Keine aufschiebende Wirkung hat der Widerspruch (nur) gegen die Androhung von Zwangsmitteln[239]. Die Anwendung der Zwangsmittel ist dennoch ausgeschlossen, weil der Widerspruch gegen die Anordnung aufschiebende Wirkung hat[240].

Die aufschiebende Wirkung des Widerspruchs entfällt, wenn die Bauaufsichtsbehörde die sofortige Vollziehung ihrer bauordnungsrechtlichen Anordnung anordnet. Dagegen kann der Betroffene beim Verwaltungsgericht die Wiederherstellung der aufschiebenden Wirkung seines Widerspruchs beantragen. Nicht schon mit Antragstellung, sondern erst mit Antragserfolg hat der Widerspruch (wieder) aufschiebende Wirkung.

Über den Widerspruch entscheidet die Widerspruchsbehörde. Hält sie den Widerspruch für unbegründet, weist sie ihn durch Widerspruchsbescheid zurück, gegen den Klage zum Verwaltungsgericht erhoben werden kann. Bei Erledigung des Widerspruchs ergeht kein Widerspruchsbescheid, sondern es erfolgt die Einstellung des Verfahrens[241].

Ist streitig, ob eine Baugenehmigung mangels Ausnutzung erloschen ist, kann Feststellungsklage erhoben werden.[242]

---

[234] GmS-OGB, B.v.05.04.00 – GmS-OGB 1.98, NJW 00,2340
[235] Ausnahme: mit qualifizierter elektronischer Signatur bei behördlich eröffneten Zugang (Rechtsbehelfsbelehrung), VG Berlin, U.v.02.11.07 – 4 A 243/06, NJW 08,1335
[236] OVG Magdeburg, U.v.23.10.19- 2 L 51/17,NVwZ-RR 20/12V
[237] OVG Lüneburg, U.v.22.02.73 – 1 A 116/72, OVGE 29,456
[238] OVG Lüneburg, B.v.25.02.74 – VI B 135/73, OVGE 30,382
[239] OVG Lüneburg, B.v.07.01.85 – 6 B 189/84, Nds.Rpfl.85,264
[240] OVG Lüneburg, U.v.25.04.02 – 8 LB 47/01, NVwZ-RR 02,734
[241] BVerwG, U.v.20.01.89 – 8 C 30.87, BVerwGE 81,226
[242] OVG Münster, U.v.10.03.16- 7 A 1720/14,BauR 16,983 =NJW-Sp 16,462

8.2. Anfechtungsklage

Vorbeugender vorläufiger Rechtsschutz kann grundsätzlich auch in Form eines auf eine vorläufige Feststellung des Bestehens oder Nichtbestehens eines Rechtsverhältnisses gerichteten Antrags auf Erlass einer einstweiligen Anordnung nach § 123 I 1 VwGO gegenüber der mit der Überwachung der Einhaltung eines Gesetzes betrauten Vollzugsbehörde bzw. deren Rechtsträger erstrebt werden, wenn mittelbar Fragen der Gültigkeit bzw. Anwendbarkeit dieses Gesetzes zwischen dem Ast. und der Vollzugsbehörde im Streit stehen. Steht mit der Frage nach dem Bestehen oder Nichtbestehen eines Rechtsverhältnisses auch die Frage nach der Gültigkeit einer Rechtsnorm im Raum, aus der die streitigen Rechte oder Pflichten unmittelbar folgen, eröffnet sich ein feststellungsfähiges Rechtsverhältnis grundsätzlich nicht zwischen dem Normgeber und dem Normadressaten, sondern zwischen dem Normadressaten und dem Rechtsträger der Vollzugsbehörde, die als Normanwender die im Streit stehende Rechtsnorm durchsetzen oder ihre Befolgung zu überwachen hat[243].

Dem zum Betrieb einer Bauschuttaufbereitungsanlage von deren Betreiberin (Stadt) eingeschalteten Unternehmen fehlt die Klagebefugnis zur Anfechtung einer nur an die Betreiberin gerichteten immissionsschutzrechtlichen Anordnung, die nicht unmittelbar in das zwischen Betreiberin und Unternehmen bestehende Rechtsverhältnis eingreift[244].

Die Gemeinde kann wegen Verletzung ihrer kommunalen Planungs- und Finanzhoheit nicht gegen die Anordnung klagen, die gegenüber einem ihrer Bürger erlassen ist[245].

Eine Gemeinde, die die Unterbringung von Asylbewerbern für unvereinbar mit den Festsetzungen ihres Bebauungsplans hält, kann den für die Unterbringung verantwortlichen Landkreis im Weg der einstweiligen Anordnung nicht zur Unterlassung der Nutzung zwingen.
In Betracht kommt nur ein Anspruch auf bauaufsichtliches Einschreiten gegenüber dem Landratsamt als Staatsbehörde[246].

Richtet sich eine Ordnungsverfügung an eine Wohnungseigentümergemeinschaft, sind einzelne Mitglieder nicht klagebefugt. Sofern bei der Umsetzung der Ordnungsverfügung auch das Sondereigentum einzelner Mitglieder betroffen wird, wird durch dieses zivilrechtliche Hindernis die Rechtmäßigkeit der Anordnung nicht berührt, vielmehr muss vor Vollstreckung ggf. eine Duldungsverfügung erlassen werden.[247]

[243] OVG Münster, B.v.25.08.17- 13 B 762/17,NVwZ-RR 18,54
[244]   OVG Koblenz, B.v.23-10.19- 8 B 1329/19,NVwZ-RR 20,680
[245] VGH Mannheim, U.v.17.02.14- 5 S 1667/12, BauR 14,1470; 15,165
[246] BayVGH, B.v.08.04.15- 1 CE 15.373,NVwZ-RR 15,709
[247] OVG Greifswald, B.v.02.03.16- 3 M 440/15,NordÖR 16,251
              =NJW-Sp 16,450 =BauR 16,1303,2133 =NVwZ-RR 16,896

8.3.   Verpflichtungsklage

Im Anwendungsbereich des Umweltrechtsbehelfsgesetzes hat eine anerkannte Umweltvereinigung Anspruch auf ein Einschreiten der Aufsichtsbehörde gegen einen öffentlichen Vorhabenträger, der ein diesem Gesetz unterfallendes Vorhaben auf der Grundlage einer rechtswidrigen Entscheidung über das Nichtbestehen einer Pflicht zur Umweltverträglichkeitsprüfung und damit ohne Durchführung eines die Beteiligungsrechte der Umweltvereinigung sichernden Verfahrens verwirklichen will.[248]

Wird die Verpflichtung zur Einwirkung auf einen Dritten begehrt, um damit ein Rechtsschutzziel zu erreichen, für das eine Handlung oder ein Unterlassen dieses Dritten erforderlich ist, kann ein Anordnungsanspruch nur dann angenommen werden, wenn die hinreichende Möglichkeit einer Einwirkung auf den Dritten besteht. Eine solche Möglichkeit ist nur dann anzunehmen, wenn die begehrte Einwirkung - etwa wegen bestehender Weisungsbefugnisse - auch geeignet ist, das dahinter stehende Rechtsschutzziel zuverlässig zu erreichen.[249]

Hat der Rechtsvorgänger des Eigentümers weder während der Errichtung einer Grenzwand noch danach Einwände erhoben, und muss der Bauherr nach Lage der Dinge nicht mehr damit rechnen, dass nach Errichtung der Grenzwand und der Nutzung des Bauwerks noch ein Nachbarwiderspruch oder ein sonstiger Einwand dagegen erhoben werden wird, begründet dies die materielle Verwirkung des Abwehrrechts.
Wird eine Grenzbebauung nicht in Ausnutzung einer Baugenehmigung errichtet, ist der Nachbar gehalten, dagegen spätestens tätig zu werden, wenn die Bebauung sichtbar wird. Verwirkung tritt auch ein, wenn der Bau "hochgezogen" wird und der Bauherr dadurch sukzessive das Vertrauen betätigt, dass der Nachbar weiterhin untätig bleibt.
Eine über Jahrzehnte andauernde nachbarliche Untätigkeit führt nicht nur zur Verwirkung der Abwehransprüche gegen die "jüngeren" Baumaßnahmen, sondern umfasst auch früher fertig gestellte Teile des Vorhabens.[250]

.
Auch dann, wenn die vom Bauherrn angefochtene bauaufsichtsbehördliche Verfügung auf die Initiative eines Dritten zurückgeht, ist es nicht in jedem Fall angezeigt, diesen Nachbarn zu dem Anfechtungs-/Eilverfahren beizuladen. Um einen Fall notwendiger Beiladung handelt es sich nicht[251].

---

[248] VGH Mannheim, B.v.13.02.18- 5 S 1639/17,NVwZ-RR 18,567
[249] OVG Hamburg, B.v.01.07.16- 4 Bs 261/15,NordÖR 17,106 (Konkurrent Anordnung gg. Unternehmen
       Gemeinde (Kindergarten Träger Jugendhilfe))
[250] OVG Schleswig, B.v.20.11.15- 1 LA 39/15,NordÖR 16,213
[251] OVG Lüneburg, B.v.06.09.17- 1 OB 115/17,BauR 17,2168 =VBl 17/12II

Ein sog. Hängebeschluss (Zwischenentscheidung) kann zulässig mit dem Rechtsmittel der Beschwerde angefochten werden. Verfahrensgegenstand des Beschwerdeverfahrens ist dabei allein die Frage, ob die Voraussetzungen für den Erlass eines Hängebeschlusses gegeben sind.

In Anbetracht der Tatsache, dass die Zwischenentscheidung ihre Rechtfertigung in Art. 19 Abs. 4 GG findet, kommt sie nur in Betracht, wenn sie erforderlich ist, um effektiven Rechtsschutz zu gewährleisten. Voraussetzung für den Erlass einer derartigen Zwischenentscheidung ist daher, dass die Entscheidungsreife für die "reguläre" Entscheidung nach den §§ 80 a Abs. 3, § 80 Abs. 5 VwGO fehlt, der Eilantrag also nicht offensichtlich aussichtslos erscheint und aus Gründen eines wirksamen vorläufigen Rechtsschutzes zwecks Vermeidung irrevisibler Zustände bzw. schwerer und unabwendbarer Nachteile bis zur endgültigen gerichtlichen Eilentscheidung nicht gewartet werden kann[252].

8.4.   Streitwert

Der Streitwert einer Klage gegen die Nutzungsuntersagung einer Ferienwohnung ist regelmäßig von 5.000 Euro anzusetzen[253].

Der Streitwert einer Klage gegen ein Verbot der Verwendung von Tabak in einer Shisha-Bar ist auf 15.000 Euro festzusetzen[254].

Beim Streitwert für Werbebanner, die ohne Substanzverlust beseitigt werden können, besteht die Bedeutung der Sache im Sinne von § 52 I GKG für den Kläger nicht nur darin, von den Beseitigungskosten verschont zu bleiben, sondern die Werbeanlagen weiterhin (vorläufig) wirtschaftlich nutzen zu können. Anknüpfungspunkt für die Werbebedeutung der Banner ist Ziffer 9.1.2.3.2 des Streitwertkatalogs 2011 (Beilage 2/2013 zu NVwZ 23/2013,S. 57 ff.)[255].

Die Empfehlung Nr. 9.7.1 des Streitwertkatalogs 2013 ist sowohl für die Klage eines Nachbarn gegen eine dem Bauherrn erteilte Baugenehmigung einschlägig als auch dann anwendbar, wenn der Nachbar die Verpflichtung der Baurechtsbehörde begehrt, gegenüber dem Bauherrn eine Ordnungsverfügung zu erlassen.

Das Interesse einer Gemeinde, die nicht selbst Baurechtsbehörde ist und wegen Missachtung ihrer Planungshoheit eine dem Bauherrn erteilte Baugenehmigung anficht oder die Verpflichtung zu bauaufsichtlichem Einschreiten gegen eine bereits errichtete bauliche Anlage begehrt, ist dem Interesse eines Nachbarn im Sinne der Empfehlung Nr. 9.7.1 des Streitwertkatalogs 2013 gleichzusetzen[256].

---

[252] OVG Greifswald, B.v.04.04.17- 3 M 195/17,NordÖR 17,341 =NVwZ-RR 17,904
[253] OVG Greifswald, B.v.02.11.16- 3 O 345/16,NordÖR 17,93
[254] OVG Lüneburg, B.v.27.05.19- 13 OA 134/19,NVwZ-RR 19,880
[255] OVG Greifswald, B.v.16.08.16- 3 O 113/16,NVwZ-RR 17,120 =NordÖR 17,69
[256] VGH Mannheim, B.v.22.03.18- 5 S 584/17,BauR 18,1260

Der Erlass von Sicherungsmaßnahmen gemäß § 80 a Abs. 3 Satz 1 i.V.m. Abs. 1 Nr. 2 VwGO setzt ein besonderes Sicherungsinteresse voraus. Dieses liegt vor, wenn konkrete Anhaltspunkte dafür bestehen, dass die angeordnete bzw. wiederhergestellte aufschiebende Wirkung eines Rechtsbehelfs missachtet werden wird.

Für einen Antrag auf Erlass von Sicherungsmaßnahmen ist auch dann ein eigenständiger Streitwert festzusetzen, wenn dieser gemeinsam mit dem Antrag auf Anordnung/ Wiederherstellung der aufschiebenden Wirkung gestellt wird[257].

Die Anfechtung einer dem Nachbarn erteilten Baugenehmigung und das Begehren auf bauaufsichtliches Einschreiten gegen den Nachbarn sind Ansprüche von selbstständigem Wert, so dass ihre Streitwerte nach § 39 I GKG zusammenzurechnen sind (hier: Nutzung Dachgeschoss und nachträgliche Baugenehmigung = 2 x 17.000 €)[258],

Die auf eine Streitwerterhöhung zielende Kostenbestimmung des § 52 III 3 GKG ist in einem Rechtsschutzverfahren gegen die Androhung der Festsetzung von Zwangsgeldern nicht anwendbar[259].
Nr. 1.7.2 Satz 2 des Streitwertkatalogs 2013 ist dahingehend auszulegen, dass nicht die Höhe des angedrohten Zwangsgelds, sondern der hierfür anzusetzende Streitwert festzusetzen ist, wenn dieser höher ist als der Streitwert der Grundverfügung[260].

9.   Vollstreckung

Eine Anordnung kann vollstreckt werden, wenn sie nicht angefochten (=rechtskräftig) oder sofort vollziehbar ist.

9.1   Genehmigungsauflage

Eine rechtskräftige Anordnung kann auch eine Bestimmung in einer Genehmigung sein, wenn sie ein Handeln, Unterlassen oder eine Duldung verlangt. Voraussetzung dafür ist, dass sie so bestimmt ist, dass die Pflicht nicht weiter konkretisiert oder ein Verstoß festgestellt werden muss[261].
Gebietet z.B. die Genehmigung, jedwedes Fremdmaterial unverzüglich zu entfernen, muss nicht (weiter) konkretisiert werden, wo es in welchem Umfang seit wann lagert.
Gibt die Genehmigung z.B. die Vorlage eines Berichts auf, muss der Zeitpunkt (z.B. 15.Februar jeden Jahres) bestimmt sein.

---

[257] OVG Lüneburg, B.v.01.04.15- 1 OA 38/15,BauR 15,1153,1892 =VBl 15/7V =NordÖR 15,360
[258] OVG Lüneburg, B.v.11.03.20- 1 OA 7/20,NVwZ-RR 20,463
[259] OVG Lüneburg, B.v.11.05.16- 11 OA 17/16,NVwZ-RR 17,79 =VBl 16/9VI
[260] BayVGH, B.v.16.03.17- 9 C 17.324,NVwZ-RR 17,512
[261] OVG Lüneburg, B.v.11.07.12- 4 ME 167/12, V.n.b.

9.2 Rechte Dritter

Ein Eingriff im Sinne des § 58 I VwVfG ist im Sinne eines tatsächlich rechtswidrigen Eingriffs in die Rechte Dritter durch den öffentlich-rechtlichen Vertrag zu verstehen.

Bloße faktische Nachteile oder tatsächliche Beeinträchtigungen (hier: der Nachbarn durch eine gegenüberliegende Tiefgarageneinfahrt) stellen keinen Eingriff dar und lösen somit kein Zustimmungserfordernis der Nachbarn aus.[262]

Stehen Rechte Dritter der Vollstreckung entgegen (z.b. Mieter), bedarf es einer Duldungsverfügung gegen den Dritten, um die Ordnungspflicht durchzusetzen. Sie ist nicht vorsorglich, sondern erst dann zulässig, wenn der Dritte Einwände erhebt[263].

Ist dem Eigentümer sofort vollziehbar die Nutzung untersagt, kann diese Anordnung mit der Versiegelung vollstreckt werden, auch wenn dem Mieter erst danach, aber ebenfalls sofort vollziehbar die Nutzung untersagt wird[264].

Dem Nachbarn dürfen Maßnahmen (z.B Absperrungen für Gebäudeabbruch) nur auferlegt werden, wenn die Anordnung gegen de Bauherrn vollziehbar ist und ihre Vollstreckung sichergestellt (z.b. durch Ersatzvornahme) ist[265].

9.3 Rechtsschutz

Gegen die Androhung oder Festsetzung von Zwangsmittel ist (ohne Widerspruchsverfahren) die Klage zulässig[266]. Sie hat keine aufschiebende Wirkung.

Auch bei offener Erfolgsaussicht kommt die (ggf. gerichtliche) Anordnung der aufschiebenden Wirkung der Klage (§ 80 Abs. 4, 5 VwGO) gegen die Zwangsgeldandrohung oder Zwangsgeldfestsetzung nicht in Betracht, weil sie nur den vorübergehenden Verlust der Dispositionsmöglichkeiten des Vollstreckungsschuldners hinsichtlich des Betrags des Zwangsgeldes verhindert[267].

Die Ersatzvornahme muss nur angedroht werden[268]. Sie kann nach auch ohne (zu vollstreckende) Anordnung sofort vollziehbar angeordnet werden, wenn Tatsachen belegen, dass der Adressat einer Anordnung nicht nachkommen wird[269]. Ein Bescheid, der sowohl die Erstattung von Verwaltungskosten als auch

---

[262] OVG Bl.-Bbg, B.v.17.11.15- 10 S 24.14,NVwZ-RR 16,325 =BauR 16,1811
[263] OVG Münster, B.v.22.11.13- 2 A 923/13, BauR 14,1276
[264] OVC Lüneburg, B.v.25.06.12 – 1 ME 87/12, V.n.b.
[265] OVG Saarland, B.v.21.08.12- 2 B 178/12,NVwZ-RR 13,17
[266] Saipa, Nds.SOG, Vorb. §§ 64-70
[267] OVG Saarlouis, B.v.02.05.14- 2 B 225/14, NvwZ-RR 14,630
[268] Saipa, Nds.SOG Erl. 1 zu § 70
[269] OVG Lüneburg, B.v.08.06.12- 13 LB 20/12,Nds.VBl. 12,245

der Kosten der Ersatzvornahme anordnet, ist nur hinsichtlich der Verwaltungsgebühren und Auslagen nach § 80 Abs. 2 Satz 1 Nr. 1 VwGO sofort vollziehbar[270].

Bis zur Bestandskraft des Kostenbescheides über die Kosten der Ersatzvornahme keine Vollstreckungsmaßnahmen ergreifen zu wollen, lässt grundsätzlich das Rechtsschutzbedürfnis des Antragstellers für seinen Antrag auf vorläufigen Rechtsschutz nicht entfallen[271].

9.4 Vollstreckung der Zwangsmittel

Das festgesetzte Zwangsgeld darf nicht beigetrieben werden, wenn die verlangte Handlung ausgeführt oder die zu duldende Maßnahme gestattet wird. Beim verlangten Unterlassen unterbleibt die Beitreibung des festgesetzten Zwangsgeldes, wenn ein weiterer Verstoß gegen das Verbot nicht mehr zu erwarten ist[272].

Die Vollstreckung durch Ersatzvornahme erledigt nicht die Anordnung, weil die Anordnung weiterhin Rechtswirkungen für das Vollstreckungsverfahren hat[273]. Nachträglich entstandene Einwendungen gegen die zu vollstreckende Anordnung können nicht gegen einzelne Vollstreckungsmaßnahmen eingewendet werden. Sie sind vielmehr in einem selbstständigen Verfahren bei der Ausgangsbehörde mit dem Ziel geltend zu machen, die Vollstreckung für unzulässig zu erklären[274].

Eine Restschuldbefreiung erfasst nicht eine nach Abschluss des Insolvenzverfahrens entstandene Kostenforderung der Unteren Bauaufsichtsbehörde auf Erstattung ihrer Auslagen für eine Durchführung der Ersatzvornahme[275].

9.4.1.   Versiegelung

Die Versiegelung nach § 80 Abs. 2 LBauO MV- kann ein zulässiges Mittel der Verwaltungsvollstreckung auch im Falle einer Beseitigungsverfügung ab dem Zeitpunkt von deren Bestandskraft oder des Eintritts der Vollziehbarkeit sein, weil dann in einer solchen Verfügung zugleich eine Untersagung der weiteren Nutzung zu sehen ist.

---

[270] OVG Lüneburg, B.v.21.02,13- 1 ME 6/13, NordÖR 13,228
[271] OVG Greifswald, B.v.07.07.16- 1 M 203/16,NordÖR 17,37 =NVwZ-RR 17,123
[272] Saipa, Nds.SOG, Erl. 3 zu § 67
[273] BVerwG, U.v.25.09.08- 7 C 5/08,NVwZ 09,122;
      Enders,Der Verwaltungsakt als Titel für die Anforderung der Kosten seiner Vollstreckung,
         NVwZ 09,958;
      Labrenz, Keine Erledigung durch Vollziehung-Eine vollstreckungsrechtliche Entscheidung des
         BVerwG und ihre Folgen für die Effektivität des Rechtsschutzes,NVwZ 10,22
[274] OVG Koblenz, B.v.24.07.14- 8 B 10591/14, NvwZ-RR 14,871
[275] OVG Saarland, B.v.13.01.15- 2 A 3977/14, BauR 15,718

Bei der Versiegelung handelt es sich um einen im Baurecht eigenständig geregelten Fall des unmittelbaren Zwangs zur Durchsetzung einer Nutzungsuntersagungsverfügung. Sie bedarf daher keiner vorherigen Androhung gemäß § 87 SOG M-V[276].

Auch wenn der Schuldner nach Erteilung des Zuschlags regelmäßig nicht mehr Vollstreckungsschutz nach § 765 a ZPO beantragen kann, darf die ernsthafte Gefahr einer Selbsttötung bei der Entscheidung über die Zuschlagsbeschwerde nicht außer Betracht gelassen werden, sofern der Eigentumsverlust durch den Zuschlag der für die Gefahr maßgebliche Grund ist. Dabei spielt es keine Rolle, ob sich die Gefahr der Selbsttötung erstmals nach dem Zuschlag gezeigt hat oder latent bereits zuvor vorhanden war und sich durch den Zuschlag im Rahmen eines dynamischen Geschehens weiter vertieft hat (im Anschluss an BVerfG (2.Kammer des Ersten Senats), NJW 2007,2910)[277].

9.4.2.   Zwangshaft

Verfolgt die Behörde mit einem Antrag auf Androhung von Zwangshaft das Ziel, die Fortführung des untersagten Gewerbes zu unterbinden, muss sie hinreichend konkrete Tatsachen vortragen oder aktenkundig machen, aus denen sich die fortgesetzte Ausübung des Gewerbes ergibt. Die den Gewerbetreibenden treffende Pflicht zur Abmeldung eines Gewerbes kann nicht im Wege der Zwangshaft durchgesetzt werden, wenn die Behörde nach § 14 I 3 GewO die Abmeldung von Amts wegen vornehmen kann.[278]

Ersatzzwangshaft zur Durchsetzung eines Zweckentfremdungsverbots für Wohnraum ist rechtmäßig, wenn vorher andere mildere Mittel ausgeschöpft worden sind, ohne dass die zweckwidrige Nutzung entfallen ist[279].

Bei einem auf mehrere Zwangsgeldfestsetzungen gestützten Antrag der Behörde ist die Dauer der Ersatzzwangshaft nicht gestaffelt nach Anzahl und Höhe der einzelnen Zwangsgelder, sondern einheitlich unter Abwägung des öffentlichen Interesses an der Durchsetzung der Grundverfügung und der persönlichen Interessen und Verhältnisse des Betroffenen zu bemessen[280].

Entscheidet das Amtsgericht über die Anordnung von Ersatzzwangshaft nach, so ist der Betroffene persönlich zu hören; eine schriftliche Anhörung reicht nicht aus.

Ein zur Vornahme einer Handlung verpflichtender Verwaltungsakt ist auch dann hinreichend bestimmt und damit vollstreckbar, wenn dem Adressaten des

[276] OVG Greifswald, B.v.17.04.18- 3 M 479/15, NordÖR 18,383 = NVwZ-RR 19,21
[277] BVerfG, B.v.08.08.19- 2 BvR 305/19, NJW 19,2995
[278] VGH Mannheim, B.v.28.04.16- 6 S 29/16,NVwZ-RR 16,902
[279] BayVGH, B.v.29.08.17- 12 C 17.1544,NVwZ 17/18 VI =NVwZ-RR 17,999
[280]   OLG Celle, B.v.07.04.17- 22 W 12/16,RPfl 17,254 =NVwZ-RR 17,922 =NordÖR 18,344

Verwaltungsaktes mehr als eine Handlungsmöglichkeit zur Auswahl gestellt wird und er selbst entscheiden kann, welche der ihm zur Auswahl gestellten Möglichkeiten er wählt, um den Verwaltungsakt zu befolgen.

Die Ersatzzwangshaft greift massiv in die grundrechtlich geschützte persönliche Freiheit ein und darf daher als subsidiäres Beugemittel nur das letzte Mittel des Staates zur Durchsetzung eines vollstreckbaren Anspruchs sein; insbesondere kommt als weniger einschneidenden Zwangsmittel die Ersatzvornahme in Betracht.

Setzt die Befolgung eines Verwaltungsaktes eine Entscheidung des Adressaten voraus, auf welchem Weg er den Verwaltungsakt zu erfüllen gedenkt, kommt eine Vollstreckung mit dem Zwangsmittel der Ersatzvornahme nicht in Betracht; in diesem Fall kann auf die willensbeugenden Zwangsmittel des Zwangsgeldes und der Ersatzzwangshaft zurückgegriffen werden[281].

10. Nachbarschutz

Die sofortige Vollziehung gegen den Bauherrn kann der Nachbar verlangen, wenn die Anordnung dem Brandschutz dient oder besondere Gefahren den Sofortvollzug unumgänglich erscheinen lassen[282].
Ein Nachbar kann aus der formellen Baurechtswidrigkeit einer baulichen Anlage allein keine Abwehransprüche herleiten[283].

Verstößt ein Bauvorhaben gegen nachbarschützende Vorschriften, ist ein Einschreiten der Bauaufsichtsbehörde auf Antrag des Nachbarn geboten[284].

Ein Anspruch des Nachbarn auf bauordnungsbehördliches Einschreiten folgt aus §§ 79 Satz 1, 57 Abs. 2 BauO LSA, wenn die bauliche Anlage nicht durch eine bestandskräftige Baugenehmigung gedeckt wird, die Anlage materiell rechtswidrig ist und den klagenden Nachbarn in seinen Rechten verletzt, dieser seine Abwehrrechte nicht verwirkt hat und das Ermessen der Behörde auf Null reduziert ist.
Die Vorschrift des § 12 Abs. 1 Satz 2 BauO LSA, dass die Standsicherheit anderer baulicher Anlagen und die Tragfähigkeit des Baugrundes des Nachbargrundstücks nicht gefährdet werden darf, hat nachbarschützende Wirkung (vgl. Beschluss d. Senats v. 23.08.2004- 2 M 35/08-,JMBl.LSA 2006,341). Auch der Vorschrift des § 12 Abs. 1 Satz 1 BauO LSA über die (eigene) Standsicherheit von Anlagen kann im Einzelfall nachbarschützende Wirkung zukommen.
Eine Verpflichtung zum bauaufsichtlichen Einschreiten besteht, wenn eine unmittelbare Gefährdung besonders wichtiger Rechtsgüter (Leben, Gesundheit)

[281]OLG Celle, B.v.05.01.18- 22 W 9/17,RPfl 18,86
[282]OVG Magdeburg, B.v.17.06.14- 2 M 46/14,NVwZ-RR 14,875
[283]OVG Magdeburg, B.v.24.11.16- 2 M 105/16,BauR 17,1082
[284]OVG Bautzen, U.v.30.08.13- 1 A 823/10,BauR 14,978; VGH Kassel,B.v.17.11.14- 4 B 1270/14, BauR 15,631

vorliegt, gerade wenn eine bauliche Anlage nicht (mehr) standsicher ist. Voraussetzung für einen bauaufsichtlichen Eingriff nach § 57 Abs. 2 Satz 2 BauO LSA ist das Vorliegen einer konkreten Gefahr im Sinne der Regelungen des allgemeinen Polizei- und Ordnungsrechts (vgl. Beschluss d. Senats v. 22.07.2013- 2 M 82/13-,BauR 2014,819; Jäde, a.a.O.,§ 3 Rdnr. 4 m.w.N.). Macht ein Dritter gegenüber der Bauaufsichtsbehörde geltend, durch eine Anlage in seinen Rechten verletzt zu sein, so hat er einen Anspruch auf ermessensfehlerfreie Entscheidung über ein bauaufsichtsbehördliches Einschreiten der Bauaufsichtsbehörde sowie auf Art und Weise des Einschreitens. Besteht ein Anspruch auf bauaufsichtliches Einschreiten nicht, muss die Behörde ihr Ermessen unterhalb der Schwelle der Ermessensreduzierung auf Null ordnungsgemäß ausüben (vgl. BVerwG, Urteil v. 04.06.1996-BVerwG 4 C 15.95-,NVwZ-RR 1997,271 /273), Rdnr. 31 in juris).
§ 114 Satz 2 VwGO ist auch bei Verpflichtungs- bzw. Bescheidungsklagen anwendbar.
Eine erstmalige Ausübung von Ermessen im gerichtlichen Verfahren ist zulässig, wenn sich aufgrund neuer Umstände die Notwendigkeit einer Ermessensausübung erst nach Klageerhebung ergibt (BVerwG, Urteil v. 13.12.2011- BVerwG 1 C 14.10-,BVerwGE 141,253 (256),Rdnr. 8).
§ 114 Satz 2 VwGO lässt aber keine erstmalige Ermessensausübung zu, wenn es von vornherein einer Ermessensentscheidung bedurfte, die Behörde dies aber verkannt hat[285].

Örtliche Bauvorschriften nach § 74 BWLBO dienen grundsätzlich nur dem öffentlichen Interesse und räumen dem Nachbarn keine subjektiv-öffentliche Abwehrrechte ein. Nur ausnahmsweise vermag eine örtliche Bauvorschrift Nachbarschutz zu vermitteln, wenn ihr die Gemeinde erkennbar eine entsprechende Wirkung geben wollte.
Eine Stützmauer kann zugleich eine Einfriedigung iSv § 74 I Nr. 3 BWLBO sein, die sich dann auch an deren Anforderungen messen lassen muss.
§ 13 I BWLBO dient dem Schutz der Bauarbeiter, Besucher, Benutzer und Passanten, aber auch dem Schutz der Nachbarn vor Gefahren, die von einer nicht standsicheren Anlage ausgehen. Insoweit ist die Norm nachbarschützend.
Jeder Bauherr und jeder Eigentümer ist nach § 13 BWLBO im Hinblick auf die Standsicherheit lediglich für die seinem Bauvorhaben oder seinem Grundstück zuzurechnenden Gefahren verantwortlich[286].

Hinsichtlich der brandschutzrechtlichen Anforderungen an eine Gebäudeabschlusswand für Gebäude der Gebäudeklassen 1-3 ist aus Art. 28 III 2 Nr. 3 BayBauO Drittschutz nur abzuleiten, soweit die Gabäudeabschlusswand hiernach von innen nach außen die Feuerwiderstandsfähigkeit der tragenden und

[285] OVG Magdeburg, U.v.18.02.15- 2 L 22/13,BauR 15,1129,1883 =NVwZ-RR 15,611
[286] VGH Mannheim, B.v.01.08.18- 5 S 272/18,NVwZ-RR 19,218 =BauR 18,1997

aussteifenden Teile des Gebäudes, mindestens jedoch feuerhemmende Bauteile haben muss; hingegen kommt der gesetzlichen Anforderungen einer Feuerwiderstandsfähigkeit feuerbeständiger Bauteile in der Wirkrichtung von außen nach innen kein Nachbarschutz zu[287].

10.1. Grenzabstand

Eine erhebliche Unterschreitung des Mindestabstands des § 32 V 2 SächsBO lässt wegen des dem Brandschutz dienenden Sinn und Zwecks der nachbarschützenden Regelung gegen die verstoßen wird, die Annahme eines atypischen Falls, in dem die Bauaufsichtsbehörde nicht zum Einschreiten auf Antrag des Nachbarn verpflichtet wäre, nicht zu (hier: Fenster im Dach)[288].

Ein Nachbar kann eine einstweilige Anordnung auf Erlass einer Baueinstellungsverfügung(§ 79 I SächsBO) in der Regel bereits dann erreichen, wenn absehbar ist, dass ein Vorhaben gegen nachbarschützende öffentlich-rechtliche Vorschriften verstößt, die nicht zum Prüfungsumfang einer Baugenehmigung gehören (Bestätigung von OVG Bautzen,NVwZ 1997,922=SächsVBl 1997,33).
Eine nur grenznahe Bebauung fällt nicht in den Anwendungsbereich von § 6 I 3 SächsBO). Im nachbarlichen Gemeinschaftsverhältnis ist es nach ständiger Senatsrechtsprechung in der Regel unbillig, einen Nachbarn den mit einer Grenzbebauung des anderen Nachbarn verbundenen Nachteilen auszusetzen, ihm selbst aber eine vergleichbare Ausnutzung seines Grundstücks zu verwehren[289].

In den zur Beurteilung der Frage, ob ein Nachbar durch eigene Grenzabstandsüberschreitungen gehindert ist, Abstandsunterschreitungen des Bauherrn geltend zu machen, gebotenen Vergleich der jeweiligen Abstandsunterschreitungen sind nicht nur Gebäude einzubeziehen, die sich gegenüber liegen[290].
Die in einem zivilgerichtlichen Vergleich nach Ortsbesichtigung vorbehaltlos eingegangene Verpflichtung zur Mitwirkung an der Fertigstellung einer Grenzbebauung (hier: Betretenserlaubnis des eigenen Grundstücks zum Abschluss der Klinkerblendung) führt nach Treu und Glauben zum Verlust materieller öffentlich-rechtlicher Abwehrrechte gegen das Vorhaben.
Des Hinzutretens eines besonderen Zeitmoments nach Abschluss des Vergleichs bedarf es für diese Rechtsfolge nicht[291].

---

[287] BayVGH, B.v.08.03.18- 15 CE 17.2598,NVwZ-RR 18,760
[288] OVG Bautzen, U.v.18.10.18- 1 A 84/16,NVwZ-RR 19,584
[289] OVG Bautzen, B.v.23.12.19- 1 B 287/19,NVwZ-RR 20/11V
[290] OVG Lüneburg, B.v.20.10.14- 1 LA 103/14,VBl 15/1 V =NVwZ-RR 15,15 =NJW-Sp 15,78
          =NordÖR 15,44 =BauR 15,246 =VwR 15,9
       Kuchler, Der wechselseitige Abstandsflächenverstoß,BauR 15,1580
[291] OVG Lüneburg, B.v.09.04.20- 1 LA 9/19,NVwZ-RR 20,633

Dem Nachbarn kann es nach Erteilung einer Zustimmungserklärung auf den Bauvorlagen im Hinblick auf den Grundsatz von Treu und Glauben im Einzelfall auch dann verwehrt sein, Abwehrrechte gegen das Bauvorhaben geltend zu machen, wenn das Vorhaben abweichend von den Bauvorlagen errichtet worden ist, der Bauherr aber zu Grunde legen durfte, dass der Nachbar mit diesen Abweichungen vernünftigerweise ohne weiteres einverstanden sei[292].

10.2.   Baugenehmigungsfrei

Ein Nachbar kann verlangen, gegen die bauaufsichtliche Zulassung des nächtlichen Betriebs eines Geldautomaten in der Fassade eines Einkaufszentrums einzuschreiten[293].

Ist der Nachbar erfolglos gegen die im vereinfachten Verfahren erteilte Baugenehmigung vorgegangen, kann er keine Anordnung verlangen, die deren Vollzug verhindert[294].
Nach der Rechtsprechung des OVG Lüneburg ist die baubehördliche Ermessensausübung bei baugenehmigungsfreien oder verfahrensfreien Bauvorhaben nicht auf eine dem Nachbarn günstige Entscheidung reduziert[295].

10.3.   Baustelle

Ein sicherungsfähiger Anspruch des Nachbarn auf Anordnung geeigneter Maßnahmen zur Begrenzung des von einer Baustelle verursachten Lärms kommt unterhalb der Schwelle der Gesundheitsgefahr erst dann in Betracht, wenn die Geräuschimmissionen dem Einwirkungsbereich mit Rücksicht auf dessen durch die Gebietsart und die konkreten tatsächlichen Verhältnisse bestimmte Schutzwürdigkeit bzw. Schutzbedürftigkeit nicht mehr zugemutet werden können.
Maßnahmen zur Minderung der Geräusche sollen nach Nr. 4.1 de AVV Baulärm dann angeordnet werden, wenn der Richtwert am maßgeblichen Immissionsort unter Einstellung der Vorbelastung um mehr als 5 dB(A) überschritten wird[296].

Eine einstweilige Anordnung, die die Behörde zum Einschreiten verpflichtet, wird nicht vollständig umgesetzt, wenn ihr die Behörde lediglich formal Folge leistet, den von der Behörde ergriffenen Maßnahmen aber von vornherein jede Eignung im Hinblick auf den mit der einstweiligen Anordnung verfolgten Sinn und Zweck fehlt oder die Behörde erkennbar nicht auf ihre Vollziehung hinwirkt.

[292] OVG Münster, U.v.05.09.17- 7 A 1069/14,BauR 18,233
          Schröer/Kümmel, Aktuelles zum öffentlichen Baurecht,NVwZ 18,1444
[293] OVG Lüneburg, B.v.18.02.20- 1 ME 103/19,NVwZ-RR 20,628
[294] OVG Saarland, B.v.29.09.13- 2 B 339/13,BauR 13,2065
[295] OVG Lüneburg, B.v.28.03.14- 1 LA 216/12,NdsVBl. 14,258 =NvwZ-RR 14,550 =NordÖR 14,390
          =BauR 14,1453: ebenso OVG Magdeburg, B.v.01.08.13- 2 L 95/12,NVwZ-RR 13,950
[296] OVG Münster, B.v.14.06.18- 8 B 594/18,BauR 18,1710 =NJW-Sp 18,654

Nr. 4.1 AVV-Baulärm entbindet den Betreiber einer Baustelle nicht von der Verpflichtung, die Einhaltung der Immissionsrichtwerte der Nr. 3.1.1 AVV Baulärm sicherzustellen, wenn ihm die Einhaltung dieser Werte durch behördliche Verfügung aufgegeben worden ist.
Die Regelung der Nr. 4.1 AVV Baulärm, wonach bei Überschreiten des Eingreifrichtwerts (Immissionsrichtwert zuzüglich 5 dB(A) in der Regel eine Verpflichtung zum Einschreiten besteht, hindert die Behörde nicht, aufgrund der besonderen Umstände des Falles im Ermessenswege schon dann tätig zu werden, wenn der Eingreifrichtwert nicht erreicht ist[297].

Hat die Gemeinde eine ihr im Genehmigungsfreistellungsbereich (selbst) obliegende Entscheidung im Sinne des § 68 Abs. 3 LBO SL 2004 über die Befreiung positiv getroffen, steht dies einem Tätigwerden der Unteren Bauaufsichtsbehörde nach § 81 Abs. 1 Satz 1 LBO SL und dementsprechend einem darauf gerichteten Einschreitensanspruch des Nachbarn zumindest solange entgegen, wie die Befreiungsbescheid nicht nach seinem Ergehen und Bekanntwerden von dem Nachbarn angefochten und seine Vollziehbarkeit nicht beseitigt worden ist.
Nachbarschutz ist insoweit verfahrensrechtlich nicht im Wege der einstweiligen Anordnung gem. § 123 Abs. 1 VwGO, sondern allein im Rahmen der vom Prozessrecht gegen Verwaltungsakte zur Verfügung gestellten Rechtsbehelfe (Widerspruch und Anfechtungsklage) gegen den von der Festsetzung einer privaten Grünfläche im Bebauungsplan befreienden Bescheid der Gemeinde und -bezogen auf den vorläufigen Rechtsschutz- im Wege des nach § 123 Abs. 5 VwGO grundsätzlich vorrangigen Aussetzungsverfahrens (§§ 80 a, 80 Abs. 5 Satz 1 VwGO) zu suchen[298].

Soweit § 35 I 1 GewO dem Schutz der Allgemeinheit dient, ist die Norm nicht drittschützend. Dritte haben daher keinen Anspruch auf Erlass einer Untersagungsverfügung, selbst wenn die Voraussetzungen für eine Untersagung nachgewiesen wurden.
Aus Grundrechten kann unter bestimmten Umständen ein staatliches Tätigwerden mit dem Ziel der Sicherung grundrechtlich geschützter Rechtsgüter geboten sein (hier verneint)[299].

10.4.   Gaststätte

Der Betrieb eines Pizzaofens mit Holzfeuerung kann wegen der schweren Beeinträchtigung der Nachbarschaft durch die Rußpartikel verboten werden[300].

---

[297] VGH Mannheim, B.v.29.05.15- 10 S 835/15,BauR 15,2041 =NVwZ-RR 16,31
[298] OVG Saarland, B.v.28.01.16- 2 B 236/15,BauR 16,1054
[299] OVG Lüneburg, B.v.27.08.18- 7 ME 51/18,NVwZ 19,89 m.Anm.Brüning =VBl 18/11V
[300] VGH Mannheim, B.v.24.06.19- 10 S 71/19,NVwZ 19/18VIII

Nach nordrhein-westfälischem Landesrecht entfalten bauaufsichtliche Ordnungsverfügungen keine der Baugenehmigung entsprechende Bindungswirkung für das gaststättenrechtliche Erlaubnisverfahren. Die rechtskräftige Zuerkennung eines begrenzten Nachbaranspruchs auf bauaufsichtliches Einschreiten gegen den Betrieb einer Gaststätte zwecks Einhaltung des baurechtlichen Rücksichtnahmegebots ist für einen von dem Nachbarn gegen die Erteilung einer Gaststättenerlaubnis angestrengten Anfechtungsprozess nicht vorgreiflich. Soweit keine bindende Entscheidung der Bauaufsichtsbehörde über die Zulässigkeit der durch den Betrieb einer Gaststätte verursachen Immissionen vorliegt, hat die Gaststättenbehörde im Rahmen des Erlaubnisverfahrens auch hinsichtlich der immissionsschutzbezogenen Anforderungen eigenständig die Vereinbarkeit des jeweiligen Betriebs mit gaststättenrechtlichen Vorschriften zu beurteilen. Ob die Erlaubnis für eine Gaststättenerweiterung gem. § 4 Abs. 1 Satz 1 Nr. 3 GastG zu versagen ist, weil der Gewerbebetrieb schädliche Umwelteinwirkungen befürchten lässt, beurteilt sich nach den Immissionen, die der erweiterte Betrieb einschließlich des bereits vorhandenen Bestands insgesamt verursacht. Für die Rechtmäßigkeit einer Gaststättenerlaubnis kommt es grundsätzlich auf die Sach- und Rechtslage im Zeitpunkt der letzten Verwaltungsentscheidung an. Spätere Anforderungen der Sach- und Rechtslage zugunsten des Betreibers der Gaststätte sind bei Anfechtung durch einen Dritten jedoch zu berücksichtigen. Bei der Beurteilung der Zumutbarkeit der Betriebsgeräusche von Freischankflächen von Gaststätten, die keine "reinen" Freiluftgaststätten sind, kann die TA Lärm jedenfalls als Orientierungshilfe unter Berücksichtigung der Besonderheiten menschlicher Lebensäußerungen dienen[301].

10.5. Freizeiteinrichtung

Der nach § 55 Abs. 2 Satz 2 LBO mit dem Verstreichen der Einwendungsfrist eintretende Verlust der Abwehrrechte ist auf das konkrete Genehmigungsverfahren beschränkt und führt nicht dazu dass der Angrenzer nach der Stellung eines neuen, auf die Änderung der dem Bauherrn erteilten Baugenehmigung gerichteten Antrag keine Einwendungen gegen das mit diesem Antrag zur Genehmigung gestellte Vorhaben erheben kann. Das gilt auch dann, wenn der zweite Bauantrag über den ersten Bauantrag nicht hinausgeht. Zu vergleichen sind insoweit nicht die beiden Bauanträge, sondern die auf den ersten Bauantrag ergangene Genehmigung und der neue Bauantrag (hier Nachbarschutz bejaht gegen Betriebszeit 2.Bauantrag Strandbad ohne Einwendung gegen 1.Bauantrag)[302].

---

[301] OVG Münster, U.v.23.05.18- 4 A 2588/14,BauR 18,1853
[302] VGH Mannheim, B.v.15.03.16- 3 S 235/15,BauR 16,1135,1364 =NJW-Sp 16,461 =NVwZ-RR 16,858

Nr. 4.4 der Freizeitlärm-Richtlinie S-H enthält eine Sonderregelung für "seltene Veranstaltungen mit hoher Standortgebundenheit oder sozialer Adäquanz und Akzeptanz", nach der solche Veranstaltungen trotz Überschreitung der in Nr. 4.1 bis 4.3 genannten Immissionsrichtwerte zulässig sein können, wenn sie zahlenmäßig eng begrenzt durchgeführt werden und eine Reihe von weiteren Bedingungen beachtet werden.

Diese Regelung sowie die vergleichbaren Regelungen in Nr. 7.2 TA Lärm sowie § 5 Abs. 5 18.BImSchV sind das Ergebnis einer dem Gebot wechselseitiger Rücksichtnahme entsprechenden Abwägung zwischen den Interessen der störenden und der gestörten Nutzung (hier Nachbarschutz versagt gegen Open-Air Konzert am Strand)[303].

Dem Anlagenbetreiber zurechenbar sind jedenfalls nur die Auswirkungen des Anlagenbetriebs, die entweder Folge der bestimmungsgemäßen Nutzung der Einrichtung sind oder die zwar von deren Widmung nicht umfasst sind, die sich der Einrichtungsträger jedoch deshalb zurechnen lassen muss, weil er durch die Ausgestaltung der Anlage einen relevanten Anreiz für ihre rechtswidrige Inanspruchnahme geschaffen hat und diesen Anreiz nicht in angemessener und zumutbarer Weise entgegengewirkt hat (verneint bei Lärm Spielplatz nach 22.00 Uhr bzw. Jugendliche über 12 Jahre)[304].

Belästigungen sind dann erheblich, also nicht mehr geringfügig, wenn sie das ortsübliche und zumutbare Maß übersteigen.

Häufiges oder länger anhaltendes Hundegebell kann für Nachbarn eine erhebliche Belästigung darstellen[305].

Im Falle de Geltendmachung eines Anspruchs auf bauordnungsrechtliches Eingreifen aus Art. 75 S. 2 BayBauO in Verbindung mit dem Gebietserhaltungsanspruch im Verfahren nach § 123 VwGO unterliegt die Glaubhaftmachung eines Anordnungsgrunds keinen niedrigeren Hürden als die Glaubhaftmachung eines Anordnungsgrunds im Falle der Geltendmachung eines solchen Anspruchs aus Art. 76 S. 2 BayBauO in Verbindung mit dem Rücksichtnahmegebot[306].

Die Rechtsfolge des Art. 51 I BayVwVfG. der die Korrektur einer bestandskräftigen Entscheidung erlaubt, beinhaltet nicht die Verpflichtung zum Erlass einer "günstigeren" Entscheidung, sondern die Verpflichtung zum Erlass einer rechtmäßigen Entscheidung. Dem Antragsteller kommt, da in Art. 51 V BayVwVfG lediglich auf die Art. 48 I 1, Art. 49 I BayVwVfG verwiesen wird, kein Vertrauensschutz nach Art. 48 und 49 BayVwVfG zu (Rn.24).

---

[303] OVG Schleswig, B.v.01.08.19- 5 MB 10/19,NordÖR 19,553
[304] BayVGH, B.v.03.08.15- 22 CE 15.1140,BauR 15,1978
[305] OVG Bautzen, B.v.17.07.17- 3 B 87/17,NJW 18,181
[306] BayVGH, B.v.16.04.19- 15 CE 18.2652,NVwZ-RR 19,983

Bibliografische Information der Deutschen Nationalbibliothek: Die
Deutsche Nationalbibliothek verzeichnet diese Publikation in der
Deutschen Nationalbibliografie; detaillierte bibliografische Daten sind im
Internet über dnb.dnb.de abrufbar.

Herstellung und Verlag: BoD – Books on Demand, Norderstedt

ISBN: 978-3-7562-8763-5